SERMONES ACTUALES SOBRE LA MUERTE, EL LUTO Y LA ESPERANZA DE PERSONAJES BÍBLICOS

Kittim Silva Bermúdez

Editorial CLIE
www.clie.es

EDITORIAL CLIE
C/ Ferrocarril, 8
08232 VILADECAVALLS
(Barcelona) ESPAÑA
E-mail: clie@clie.es
http://www.clie.es

Sermones actuales sobre la muerte, el luto y la esperanza de personajes bíblicos
ISBN: 978-84-17131-02-9
Depósito Legal: B 24907-2018
Sermones
Sermones completos
Referencia: 225071

RVDO. KITTIM SILVA BERMÚDEZ
B.A., M.P.S., D.HUM., D.D.

El reverendo Kittim Silva es fruto del Ministerio del Teen Challenge de Puerto Rico, lugar donde ingresó y se graduó del Teen Challenge Training Center en Pennsylvania (1971). Graduado de la Teriama Health School, como Técnico de Laboratorio Médico (1973). También cursó estudios en el International Bible Institute, Inc. en la ciudad de Nueva York, donde se diplomó en Biblia y Teología (1974). Obtuvo del New York Theological Seminary un Certificado en Ministerio Cristiano (1976). Luego recibió un Bachillerato en Artes Liberales (**B.A.**) del College of New Rochelle con una concentración en Humanidades (1980). Posteriormente obtuvo una Maestría en Estudios Profesionales (**M.P.S.**) del New York Theological Seminary con una concentración en Ministerio (1982). La Universidad Nacional Evangélica (**UNEV**) de la República Dominicana le confirió el título "Profesor Honoris Causa en Teología" (1994), y Doctor "Honoris Causa En Humanidades" (1998). La Latin University of Theology (**LUT**) de California le otorgó un Doctor "Honoris Causa en Divinidades" (2001).

Durante años se ha desempeñado como Obispo del Concilio Internacional de Iglesias Pentecostales de Jesucristo, Inc. (**C.IN.I.PE.JE.**) Es cofundador de Radio Visión Cristiana Internacional (**RVCI**), donde ocupó el cargo de Presidente (1994-2001), y desde hace años sirve en la Junta de Directores. Desde el 2010 hasta el presente año ocupa el cargo de Vicepresidente de RVCI.

Desde el año 1998 es el vicepresidente y cofundador de la Coalición Latina de Ministros y Líderes Cristianos (**CO.N.LA.MI.C.**). Fue el fundador y primer moderador de la Confraternidad de Líderes Conciliares (**CON.LI.CO.**). Ha ministrado en cinco continentes y en 40 países. Cofundador y director de la Clínica Ministerial Internacional (**CLI.M.I.**). Es fundador de la Christian University of Human Development (**C.U.O.H.DE.**) y anfitrión del programa de televisión y radio "Retorno".

_Índice

SEGUNDA PARTE. El luto

TERCERA PARTE. El duelo

CUARTA PARTE. El suicidio

QUINTA PARTE. El proceso de la muerte

_Versiones de la Biblia empleadas en este libro

A no ser que se indique con sus siglas correspondientes, en este libro empleo la Versión Reina Valera de 1960 (**RVR-60**)

Traducción en Lenguaje Actual (**TLA**)

Traducción en Lenguaje Actual con Deuterocanónicos (**TLAD**)

Dios Habla Hoy (**DHH**)

Dios Habla Hoy con Deuterocanónicos (**DHHDK**)

Nueva Biblia Vida (**NBV**)

Nueva Versión Internacional (**NVI**)

Nueva Traducción Viviente (**NTV**)

_Prólogo

Hoy presento un conjunto de sermones en los que he tratado la temática de la muerte. Me encontraba durante el mes de agosto de 2013 en Bucaramanga, Colombia, invitado por mi amigo el Dr. Félix Méndez Lozano, Pastor General del Manantial de Amor y Obispo del Ministerio Internacional Apostólico Macedonia. Mientras esperaba ser recogido para un evento, me asaltó la idea de compartir estos sermones en un solo libro. Allí nació este prólogo, pero cuatro años después (2018) todavía masticaba el sermón El suicidio de un creyente.

Pronto me entregué a la tarea de localizar en mis series de libros de Sermones –*Sermones de grandes personajes bíblicos*, publicados por Editorial Portavoz– en los cuales me he especializado, la muerte de personajes bíblicos. Y los edité para que fueran homogéneos en su estilo y secuencia. Con la ayuda del Espíritu Santo, aquí expongo el fruto de dicho trabajo.

La muerte ha sido un tema tabú para muchos a la hora de abordarlo, tema de chistes para algunos disimular el temor que les origina la misma. Para los creyentes ha sido tema de ensayo. De continuo somos interpelados desde el púlpito por el pastor y uno que otro predicador a estar preparados para ese día de la muerte que será una cita con la eternidad.

Estos sermones tienen la finalidad de ayudarnos a pensar seriamente sobre la muerte, a prepararnos para esa hora, y sobre todo a vivir una vida que agrade al Gran Maestro y Salvador de nuestras almas, Jesucristo.

No debemos pensar enfermizamente en la muerte, pero tampoco debemos dejar de pensar seriamente sobre la misma. Mi padre decía: «Que se murió no es noticia, pero cuando se murió si es noticia». Y eso es muy cierto.

La estadística más segura y completa es que 100 de cada 100 experimentarán la muerte. Si Jesucristo no retorna para levantar a la iglesia, todos tendremos que morir, y eso lo incluye a usted como lector y a mí como autor de este libro.

Cuando era estudiante del College of New Rochelle, tomé varios créditos en «Death and Dying» (*La muerte y el morir*). El libro de la Dra. Elizabeth Kubler Ross, fue de una tremenda ayuda. Luego en el New York Theological Seminary hice otros créditos sobre esta temática.

Y a esto le sumo 35 años como pastor junto a mi esposa la Dra. Rosa M. Silva, de la Iglesia Pentecostal de Jesucristo de Queens (**IPJQ**). Durante 21 años ejercí como Capellán del New York State Department of Correctional Services, donde mis funciones eran la integración de un Trabajador Social y un Consejero.

Añado un sermón sobre «El suicidio de un creyente», no para establecer una postura dogmática, sino para ofrecer una alternativa de pensar teológicamente sobre un tema tan escabroso y poco discutido a la luz de la Biblia. ¿Tendrá Dios misericordia de un creyente suicida?

Para los predicadores este libro, *Sermones actuales sobre la muerte, el luto y la esperanza de personajes bíblicos* será un semillero homilético, y para los pastores una cisterna de ideas para esos momentos en los que tienen que preparar alguna homilía para un funeral. Para el lector en general será un seminario sobre la vida y la muerte, la gran paradoja de la existencia humana.

Espero que este abanico de reflexiones sobre la muerte sea de mucha edificación para su vida. Y que al menos alguna que otra idea le ayude a comprender más tan importante temática

Dr. Kittim Silva Bermúdez
22 de marzo de 2018
Queens, New York

PRIMERA PARTE
La muerte

01
La muerte de Abraham

Génesis 25:6-7, RV1960

*«Y estos fueron los días que vivió Abraham: ciento setenta y
cinco años. Y exhaló el espíritu, y murió Abraham en buena vejez,
anciano y lleno de años, y fue unido a su pueblo»*

Introducción

Abraham, el padre de la fe, llegó a anciano, lleno de fuerzas y fructífero.
Ya viejo tomó por mujer a Cetura (Gn. 25:1), la cual le dio a luz seis hijos
llamados Zimram («antílope»), Jocsán («trampa» o «cepo»), Medán («juicio»),
Madián («disputa»), Isbac («comparecer ante» o «sobresalir») y Súa («depresión»). (Gn. 25:2), los cuales fueron progenitores de clanes tribales (Gn. 25:3-
4). Del hijo llamado Madián descendieron aquellos crueles opresores de Israel,
que se mencionan tanto en los anales veterotestamentarios, y con particularidad
en Jue. 6:1-6; 7:12-23; 8:1-12.

A pesar de tantos hijos Abraham nombró como heredero único a Isaac
(Gn. 25:5); aunque honró a sus otros hijos (Gn. 25:6); a quienes separó de su
Isaac (Gn. 25:6).

Abraham llegó a la longeva edad de «ciento setenta y cinco años» (Gn. 25:7),
muriendo «en buena vejez, anciano y lleno de años» (Gn. 25:8). Sus hijos Isaac
e Ismael lo sepultaron en la cueva de Macpela (Gn. 25:9). Isaac, después de
muerto su padre, fue bendecido y habitó cerca del «pozo del Viviente-que-me-
ve» (Gn. 25:11).

1. La fructificación de Abraham

«Abraham tomó otra mujer, cuyo nombre era Cetura, la cual le dio a luz
a Zimram, Jocsán, Medán, Madián, Isbac y Súa» (Gen. 25:1).A la edad de

setenta y cinco años, Abraham salió de Ur de los Caldeos; Jehová, el Señor, le prometió engrandecerlo y bendecirlo (Gn. 12:1-4). A la edad de noventa y nueve años Dios le dio la promesa del heredero, Isaac (Gn. 17:19), el cual nació cuando Abraham tenía cien años de edad (Gn. 21:1-6).

Toda la vida del padre de la fe, estuvo rodeada de milagros. Una vida de fe produce milagros, hace que personas naturales se transformen en personas sobrenaturales. En lo natural, un hombre de cien años es imposible que pudiera engendrar hijos, más imposible aún que un anciano pudiera impregnar a una mujer estando este en ruta a los ciento setenta y cinco años de edad.

Y así fue con «Cetura» su concubina, declarada como «otra mujer». El nombre de «Cetura» significa: «incienso» o «la perfumada» o «fragancia». En una nueva relación matrimonial se debe buscar a una pareja que huela bien espiritualmente. Abraham en su postrimería alcanzó a ser padre de seis hijos más (Gn. 25:1-6). Hombres y mujeres de fe, líderes de fe, creyentes de fe, llegarán a viejos con una unción de crecimiento y multiplicación. La edad no los hará estériles en la reproducción. ¡Crecerán y se multiplicarán! ¡Engendrarán sueños y visiones!

De Abraham nació siempre algo nuevo. Todo alrededor de él envejecía, pero él se mantenía «en buena vejez». La «vejez» para muchos no es «buena», sino «mala». En vez de tener una «buena vejez», es para ellos soledad, depresión, nostalgia, quejas, contienda, rechazos, manías, groserías, entremetimientos.

Leemos del anciano Jacob en diálogo con Faraón: «Y dijo Faraón a Jacob: ¿Cuántos son los días de los años de tu vida? Y Jacob respondió a Faraón: Los días de los años de mi peregrinación son ciento treinta años; pocos y malos han sido los días de los años de mi vida, y no han llegado a los días de los años de la vida de mis padres en los días de su peregrinación» (Gn. 47:8, 9).

El envejecimiento es un proceso natural de la vida. El cuerpo se va desgastando con el paso de los años. Pero la actitud que se tome ante este proceso es muy determinante para el ser humano. Uno llega a viejo, pero no se tiene que sentir viejo.

Un día nos miramos al espejo y notamos los surcos que la edad ha ido dejando, miramos los brazos y vemos las manchas de la vejez. Nos comienzan a doler los huesos, hombros y rodillas, manos y pies. Notamos la flexibilidad de la piel. Y nos transformamos en pasajeros del costumbrismo. El alma-espíritu nunca envejece, la casa se deteriora, pero no el inquilino espiritual.

«Por tanto, no desmayamos; antes aunque este nuestro hombre exterior se va desgastando, el interior no obstante se renueva de día en día» (2 Cor. 4:16). «Por eso no nos desanimamos. Aunque nuestro cuerpo se va gastando, nuestro espíritu va cobrando más fuerza» (TLA).

2. La decisión de Abraham

«Y Abraham dio todo cuanto tenía a Isaac» (Gn. 25:5). "Abraham le dio todo lo que poseía a su hijo Isaac" (NTV).

Isaac, el hijo de la promesa, recibió la herencia del padre de la fe. Abraham le reservó todo a él. Las promesas serán siempre para el hijo de la promesa. La Iglesia recibirá la herencia del Padre.

Las bendiciones de Dios que serán para ti, y serán mías, nadie las puede reclamar para sí. Lo que Dios nos promete, Él nos lo dará, con la única condición de que nos mantengamos fieles a su pacto. Los dones de Dios son irrevocables para con aquellos con los cuales ya está establecido un propósito: «Porque irrevocables son los dones y el llamamiento de Dios» (Rom. 11:29).

Dios realiza sus propósitos, es decir, su voluntad deliberada, con aquellos que por su gracia Él ha llamado. La única persona que puede interrumpir el programa de Dios en la vida de uno, es uno mismo.

Abraham, el padre de la fe, «dio todo cuanto tenía a Isaac». ¡Qué tremenda declaración! Por ser «unigénito», el «único» (aunque tenía a su hermano mayor Ismael y seis hermanos más), Abraham le dio «todo cuanto tenía». Le dio sin reservas, y así hace con nosotros el Padre Celestial. Sus bendiciones, sus favores, sus dones, son sin reservas. ¡Gloria sea ahora y siempre a su nombre!

«Pero a los hijos de sus concubinas dio Abraham dones, y los envió lejos de Isaac su hijo, mientras él vivía, hacia el oriente, a la tierra oriental» (Gn. 25:6).

«Pero a los hijos de sus concubinas…» No tuvo solo a su mujer Agar, tuvo a Cetura, y quién sabe si algunas más. El milagro de Dios le dio mucha vitalidad. Era un anciano potente y milagroso, porque la fe nos hace potentes y milagrosos. Ellos eran el fruto de sus obras y no de su fe. Muchos frutos en el ministerio y la vida del creyente, no vienen como resultado de la fe, sino de las obras propias, pero hay que dejar a la fe producir.

«… dio Abraham dones…» Aunque no les tocaba nada, Abraham también les dio regalos, dádivas o dones. Muchos son bendecidos aunque no se lo merecen. Reciben aunque no hay promesas para ellos. Esa es la gracia de Dios manifestada.

«… y los envió lejos de Isaac su hijo…» El hijo de la fe y los hijos de la obra no podían convivir juntos. Las obras y la fe se separan. La promesa viene por la fe y no por las obras. No negamos que la fe produce obras, pero las obras no producen fe.

La fe justifica (Rom. 5:1), las obras no justifican (Ef. 2:8-9). Las obras no salvan, pero los salvados hacen obras. Como decía un famoso evangelista mexicano de las Asambleas de Dios en México, llamado Antonio Sánchez y conocido como «La Polvorita», que gustaba de saltar mucho durante sus ministraciones: «¡Los brincos no salvan, pero los salvos brincan!». Otro famoso proverbio de él era: «Sin fe no hay café, y sin rodillas no hay tortillas».

Todo aquello que es producto y fruto de la carne, de nuestra propia voluntad, se tiene que separar de lo que es resultado de la fe. Entre el espíritu y la carne debe haber una gran distancia de separación. Pero también debe haber una gran atracción espiritual.

«… mientras él vivía…» Abraham se dedicó a cuidar de la fe transmitida sobre Isaac. Alguien tiene que cuidar a los hijos e hijas de la promesa. Hombres y mujeres de fe, mientras vivan cuidarán de las promesas de Dios para sus vidas.

«… hacia el oriente, a la tierra oriental» Esta área geográfica es hoy día Jordania o Transjordania. Abraham separó a los hijos de la carne del hijo del Espíritu. El hijo de la promesa no puede vivir con los hijos del compromiso.

A nosotros también como el Isaac de Dios, nuestro Padre Celestial, tiene que distanciarnos de cosas familiares, que buscaran apagar nuestra fe y nuestra esperanza. Cosas con las cuales estamos acostumbrados a convivir, y no las vemos dañinas. Nuestro Padre Celestial sí las ve peligrosas para nuestra vida espiritual.

3. La longevidad de Abraham

«Y estos fueron los días que vivió Abraham: ciento setenta y cinco años» (Gn. 25:7).

Abraham llegó a vivir una vida completa y longeva. Dios le dio un buen extra de años. Vivió en mucha comunión con Dios, y Aquel le dio muchos años de vida. Con Dios todo lo que se hace es inversión. ¡Jesucristo no paga viernes, ni quincenal, ni mensual, pero paga bien!

«Y murió Abraham en buena vejez…» (Gn. 25:8). Él llegó a viejo con mente, corazón y fuerzas de joven. Su vejez no le fue un estorbó, ni a él ni a otros que lo rodeaban, por el contrario le fue una bendición. Podemos llegar a ser una mente joven atrapada en un cuerpo viejo. Pero otros tienen una mente vieja encerrada en un cuerpo joven. Por eso tenemos viejos jóvenes y jóvenes viejos.

Flavio Josefo añade: «Poco tiempo después murió Abram. Fue un hombre de virtudes incomparables, favorecido por Dios por su gran piedad. El total de su vida fue de ciento setenta y cinco años; fue sepultado en Hebrón, junto con su esposa Sara, por sus hijos Isaac e Ismael» (*Antigüedades De Los Judíos* I, Editorial CLIE, 1986, p. 41).

«... anciano...» (Gn. 25:8). En la ancianidad hay honra. Esta es un don de Dios. Aquel que lo ha recibido dele gracias al Creador, y regocíjese por esa bendición. La ancianidad debemos aceptarla con mucha gracia. Y vivir al máximo esos años de la tercera edad.

«... y lleno de años ...» (Gn. 25:8). Los años llenan. Todo depende que actitud tomamos ante la presencia de los mismos. En inglés cuando se dice la edad se añade 'viejo'. Por ejemplo, cuando se dice: «Tengo cincuenta años de edad» en español; en inglés se dice: «I am fifty years 'old'». Esa persona en Cristo diría: «I am fifty years new». Los años llenan o vacían a cualquier ser humano. Sin Dios los años vacían, con Dios los años llenan. ¿Queremos estar llenos de años o vacíos con los años?

«... y fue unido a su pueblo» (Gn. 25:8). Esta expresión alude a que en su muerte se unió a toda esa familia que había fallecido y estaba sepultada, de ahí la práctica de los judíos de tener sus propios cementerios. Pero la muerte no siempre une a alguien con la familia, un no creyente que muere, jamás se unirá con los creyentes ya fallecidos. (Lógicamente solo Dios sabe en realidad quién se montó en el último vagón del tren de la salvación). En el cielo habrá muchas sorpresas: Los que esperamos ver en el cielo, quizá no los veamos; los que no esperamos ver en el cielo quizá los veamos, y muchos que no esperaban vernos en el cielo se sorprenderán de vernos.

Si Jesucristo no viene y levanta a su Iglesia en nuestros días, la muerte sigilosa llegará y reclamará nuestras vidas. No podemos pensar con preocupación en ese día señalado para cada uno de nosotros, pero tampoco podemos dejar de pensar en que llegará más tarde o más temprano de lo que uno se pueda imaginar. Mientras tanto, nos corresponde trabajar cuando es de día, antes de que llegue la noche.

En el evangelio de Juan 9:4 leemos: «Me es necesario hacer las obras del que me envió, entre tanto que el día dura; la noche viene, cuando nadie puede trabajar».

Abraham fue sepultado junto a la matriarca Sara (Gn. 25:10), en la cueva de Macpela (significa: «la cueva doble»), ubicada frente al Manré (Gn. 25:9). De ahí la antigua costumbre judía de tener sus propios cementerios, dónde son sepultados los judíos hasta donde les es posible por familias. Allí, en aquel sepulcro, según Flavio Josefo, se reunieron sus dos hijos Ismael (89 años de edad) e Isaac (75). Los funerales y los entierros reúnen a la familia. Es un momento para reconciliar antiguas rencillas, y volver a ser de nuevo familia. Estos momentos nos llevan a pensar cuan breve es la vida para nosotros los mortales.

«Y sucedió, después de muerto Abraham, que Dios bendijo a Isaac su hijo, y habitó Isaac junto al pozo del Viviente-que-me-ve» (Gn. 25:11).

Aunque el padre de la fe, Abraham, murió, no murió la bendición de Dios que continuó con Isaac. Muchas bendiciones son trans-generacionales, pasan del abuelo al padre y al nieto. Dios bendijo a Abraham, pero bendijo de igual manera a Isaac.

Un líder muere, pero la visión de Dios dada a ese líder no muere. La obra de Jesucristo no se queda coja porque el instrumento humano muera. La misma continuará y Jesucristo usará a otro para su obra. El reloj de la vida continuará marcando el tic-tac de su hora.

Conclusión

Hombres y mujeres de fe, aun en su vejez son fructíferos. Hombres y mujeres de fe se separan de cosas familiares que no les convienen. Hombres y mujeres de fe viven bendecidos y mueren bendecidos, su vejez es buena.

02
La muerte de Sara

Génesis 23:2, RV1960

*«Y murió Sara en Quiriat-arba, que es Hebrón, en la tierra
de Canaán; y vino Abraham a hacer duelo por Sara, y a llorarla»*

Introducción

En Hebrón murió Sara a los ciento veintisiete años (Gn. 23:1). Allí Abraham la lloró (Gn. 23:2). De Efrón, hijo de Zohar, heteo, Abraham compró la heredad y la cueva de Macpela (Gn. 23:8-9), la cual se convertiría en posesión para sepultura (Gn. 23:20).

Hasta el día de hoy en Hebrón, la cueva tradicional de Macpela está cubierta por una mezquita musulmana, protege las tumbas de los patriarcas Abraham, Isaac y Jacob, y de las matriarcas Sara, Rebeca y Lea. Allí también reclama la tradición tener la tumba del valiente general Abner. Judíos como musulmanes veneran dicho lugar y allí oran.

1. El duelo de Abraham

«Y murió Sara en Quiriat-arba, que es Hebrón, en la tierra de Canaán; y vino Abraham a hacer duelo por Sara, y a llorarla» (Gn. 23:2).

La muerte es una de las experiencias de la vida, que tarde o temprano se asomará a cualquier hogar. En la familia de Abraham, no fue una excepción. Sara su esposa llegó a la anciana edad de ciento veintisiete años (Gn. 23:1). Después de Sara dar a luz a Isaac a la edad de noventa años, ella vivió treinta y siete años más. Dios la bendijo con la longevidad.

«La matriarca Sara falleció en Hebrón, en tierra de Canaán (Gn. 23:2). 'Y vino Abraham a hacer duelo por Sara, y a llorarla' (Gn. 23:2)». Hombres y mujeres de fe, son también personas con sentimientos y emociones, ríen y lloran. El duelo es un mecanismo psicológico de poder lidiar con la experiencia de haber perdido a un ser querido, de tener que acostumbrarnos a estar sin su presencia, y de aceptar la muerte como parte del último proceso humano.

La palabra «duelo» y «dolor» se parecen, y en inglés se lee «grieve», que habla de dolor, amargura y tristeza. El padre de la fe se quedó solo, su compañera se le fue porque Dios la llamó a su presencia.

La muerte separa a un ser querido de uno, o a uno de un ser querido; el duelo nos separa del ser querido fallecido. El duelo nos prepara para enfrentar la vida solo o sola, de aquel ser o aquellas personas significativas.

¿Quién morirá primero en una pareja? Solo Dios en su soberanía lo sabe. Pero al que queda vivo, le toca la difícil tarea de sufrir la partida del que se fue de viaje al más allá. En la muerte de un creyente la familia sufre la pérdida humana, pero el cielo celebra la misma como una ganancia.

No solo Abraham hizo duelo por Sara, él la lloró. La fe no nos insensibiliza para no llorar. Hombres y mujeres de fe saben llorar, se desahogan emocionalmente. El llorar es un mecanismo psicológico de desahogo. El que llora mucho, ríe mucho, y ora mucho, se mantiene mucho más joven.

El funeral con su ceremonia, la elección del ataúd, la liturgia religiosa, el cementerio y demás preparativos, son parte del proceso para la separación de los vivos de los muertos, de los deudos del ser querido. Todo funeral contribuye en el proceso del duelo. Este proceso se ha hecho más para los que se quedan, que para el que ha partido. Por eso se le debe prestar mucha atención a los detalles envueltos en el funeral, ya que este es el último regalo que le hacemos a un ser querido, y la ayuda emocional que se nos brinda.

Desde luego en el relato del funeral de Sara no se nos hace mención de la presencia de su hijo Isaac, quien supongo que estuvo presente. Ismael y Agar, bien se puede entender su ausencia. Y aplico que en un funeral y un entierro, habrá personas que esperamos ver (como familiares y amigos) que estarán ausentes. Y otros que no se esperan ver, estarán presentes. Lo importante es que nos propongamos nosotros estar presentes solidarizándonos con la familia, y expresando nuestro respeto hacia el fallecido o fallecida.

2. La petición

«Extranjero y forastero soy entre vosotros, dadme propiedad para sepultar entre vosotros, y sepultaré mi muerta de delante de mí» (Gn. 23:4).

¿Dónde enterramos al ser querido o dónde nos enterrarán a nosotros? Es la pregunta del millón. Uno sabe dónde nació, pero no todos sabemos dónde seremos enterrados. Muchos si saben, porque han hecho ya los preparativos. Abraham nunca se preparó para la muerte de Sara, aunque sabía que él y ella eran ancianos longevos y la muerte ya tenía cita con algunos de los dos, primero con uno, y luego con el otro.

Abraham en Hebrón, Canaán, se veía como un «extranjero y forastero», o sea un extraño de afuera. Estaba allí, los conocía a ellos, pero sabía que no era parte de ellos, él era hebreo y ellos eran cananeos. Ellos tenían cementerio, él no tenía cementerio.

Abraham con la muerte delante, habló a los hijos de «Het» (creo que de 'Het' procedieron los Heteos; como el famoso Urías, el heteo) (Gn. 23:3). El hecho de sentirse «extranjero y forastero» no le cohibió el expresarse y declarar su necesidad.

Los hijos de Het le respondieron al padre de la fe: «Óyenos, señor nuestro, eres un príncipe de Dios entre nosotros, en lo mejor de nuestro sepulcros sepulta a tu muerta; ninguno de nosotros te negará su sepulcro, ni te impedirá que entierres a tu muerta» (Gn. 23:6).

«... óyenos, señor nuestro...». Uno tiene que aprender a oír a otros. El dolor no debe cerrar nuestros oídos ante aquellos que quieren comunicarnos algo.

«... eres un príncipe de Dios ente nosotros...». Los ministros evangélicos dominicanos por lo general se refieren a sus líderes destacados como: «Príncipes». Aquellos heteos reconocieron que Abraham era un príncipe de Dios, y como tal tenía que ser honrado. El que es «príncipe de Dios» lo es entremedio de cualquiera. En la Iglesia es «príncipe» y delante o ante el mundo es «príncipe» de igual manera.

«... en lo mejor de nuestros sepulcros sepulta a tu muerta...». Le ofrecieron su cementerio. Me llama la atención la expresión «en lo mejor». A los «príncipes de Dios» se les debe dar lo mejor. El buen trato a un «príncipe de Dios» es un trato a Dios mismo.

La muerte es causa de dolor y tristeza cuando uno ve como a muchos siervos y siervas de Dios, al dejar este mundo, no les dan a su cadáver el mejor trato de dignidad. He visto casos que nadie quiere asumir la responsabilidad, ya que esto supone gastos económicos.

Recuerdo el funeral de un pastor en la ciudad de Nueva York, donde fui a compartir palabras de pésame. Al terminar, el dueño de la funeraria cerró el ataúd enojado y expresó: «Como nadie de la familia quiere pagar, regreso el cadáver y me lo llevo al sótano, y si no avanzan lo meto al refrigerador, y avisaré a la justicia sobre este abuso a la funeraria». Allí se comenzó a hacer una colecta entre los pastores.

A muchos impíos, mala palabreros, injustos, sus allegados le dan un arreglo funerario mejor a que a aquellos que vivieron sirviendo a los demás de manera recta y dando testimonio de Jesucristo. ¡Es vergonzoso para los hijos de Dios!

Cuando se tiene a un ser querido terminal, la familia debe irse preparando para cuando la fatídica hora de la muerte los pueda asaltar. Con familiares muy avanzados de edad, se debe hacer un ahorro para el momento cuando llegue. Y como quiera, se debe tener aparte un ahorro para cualquier emergencia de muerte. De ser posible, se debe tener un seguro de vida. Es muy triste saber de creyentes, que a la hora de la muerte de un ser querido tienen que estar pidiendo dinero a otros porque no tienen para el funeral del ser querido.

«... **ninguno de nosotros te negará su sepulcro...**». Para Abraham no había un «no» por respuesta. Nunca le neguemos nada que podamos dar a un «príncipe de Dios».

«... **ni te impedirá que entierres a tu muerta**». A un «príncipe de Dios» no se le pone impedimentos. Tenemos que dejarlos actuar. Abraham tenía que enterrar a Sara, y ellos no se lo podían impedir.

Muchas personas necesitan tiempo para enterrar la memoria de un ser querido. El tiempo es la mejor medicina para un ser humano. Después que se entierra a un ser querido físicamente, pasará mucho tiempo antes que se entierre emocionalmente. Tenemos que entender el duelo y luto de otros.

Ante aquella oportunidad presentada a Abraham este se adelantó a tomarla (Gn. 23:7), y dijo: «Si tenéis voluntad de que yo sepulte mi muerta de delante de mí, oídme, e interceded por mí con Efrón hijo de Zohar, para que me dé la cueva de Macpela, que tiene al extremo de su heredad; que por su justo precio me la dé, para posesión de sepultura en medio de vosotros» (Gn. 23:8-9).

«... **si tenéis voluntad...**». Abraham tomó muy en serio las palabras de sus interlocutores. Se ofrecieron a ayudarlo, y él aceptó esa ayuda. Pero quería saber si sus palabras estaban acompañadas por su voluntad. La voluntad de muchos no está en lo que prometen.

«... **oídme e interceded por mí con Efrón hijo de Zohar...**». Abraham lo que necesitaba de ellos era una mediación a su favor con Efrón hijo de Zohar, dueño de la cueva de Macpela. Lo que él les dijo fue: «Escúchenme y aboguen a mi favor».

«... para que me dé la cueva de Macpela...». Abraham sabía lo que necesitaba, era la cueva de Macpela. Aquí sería el primer cementerio oficial hebreojudío. Los judíos se han distinguido por sus cementerios, escuelas y hospitales. ¿Cuándo llegará el día que los pentecostales y muchos evangélicos tengamos nuestros propios cementerios?

Alfonso Ropero declara lo siguiente: «Durante el primer siglo, los cristianos de Roma no tuvieron cementerios propios. Si poseían terrenos y enterraban en ellos a sus muertos. Si no recurrían a los cementerios que poseían los paganos. Hasta fines del siglo II no fue un problema el ser sepultados juntamente con los paganos en áreas comunes [...] Así comenzaron a construir los llamados *koimeteria*, término que significa literalmente 'dormitorios'. De *koimetérion* viene nuestra palabra 'cementerio', es decir, 'lugar del sueño' [...]».

«Para un pagano, en efecto, el dormitorio era la pieza donde uno se acuesta por la noche y se levanta por la mañana. Para el cristiano era una palabra que lo indicaba todo: se va a dormir para ser despertado; la muerte no es el fin, sino el lugar donde se espera la resurrección de los muertos. Esto explica también por qué los cristianos llamaban el día de la muerte de un mártir 'dies natalis' (día natalicio), es decir, el día del nacimiento a la verdadera vida» [*Mártires y Perseguidores: Historia General de las Persecuciones (Siglos I-X)*, Editorial CLIE, 210, p. 164].

«... que por su justo precio me la dé...». Abraham no pidió la cueva de Macpela regalada, él la compraría. Pero sí quería pagar un «justo precio». Los cristianos que son personas de negocios, vendedores, contratistas y proveedores de servicio, deben ser justos en los precios que ponen. Un no converso nos puede engañar, pero de un creyente no esperaríamos eso. Tristemente, muchos han sido víctimas de llamados «hermanos de la fe», que hacen un pésimo trabajo, sin garantía, y luego se descubre que fueron más caros que los del mundo. Con el trabajo damos testimonio de nuestra fe cristiana.

«... para posesión de sepultura en medio de vosotros» (Gn. 23:9). Abraham no quería algo prestado o permitido en su uso, quería algo que fuera propiedad. Efrón respondió: «No, señor mío, óyeme: te doy la heredad, y te doy también la cueva que está en ella; en presencia de los hijos de mi pueblo te la doy; sepulta tu muerta» (Gn. 23:11).

¡Qué bendición! Abraham tendría no solo la cueva, también tendrá la heredad gratis, sin gastar un solo centavo. Pero muchas veces lo que se da se puede quitar. ¡Este judío se salió con las suyas!

Abraham le respondió: «Antes, si te place, te ruego que me oigas. Yo daré el precio de la heredad; tómalo de mí, y sepultaré en ella mi muerta» (Gn. 23:13). Él no quería nada regalado. La muerta era de él y nadie podía asumir esa responsabilidad. ¡Cuántos no quieren asumir la responsabilidad del funeral de sus muertos!

A lo que Efrón contestó: «Señor mío, escúchame: la tierra vale cuatrocientos siclos de plata, ¿qué es esto entre tú y yo? Entierra, pues, tu muerta» (Gn. 23:15). La propiedad estaba cara; pero ese era su precio justo, Efrón no se la infló. Él estaba dispuesto a darle todo a Abraham. La fallecida o difunta tenía que ser enterrada, y ya se estaba perdiendo mucho tiempo.

Pero Abraham logró llegar a un acuerdo con Efrón, y en presencia de los hijo de Het, le entregó «cuatrocientos siclos de plata, de buena ley entre mercaderes» (Gn. 23:16).

¡Cuentas claras conservan la amistad! Lo gratis y lo barato muchas veces cuesta más en las vueltas de la vida ¡Negocio es negocio! Abraham hizo una compra «de buena ley entre mercaderes».

3. La posesión

«Y quedó la heredad de Efrón que estaba en Macpela al oriente de Mamré, la heredad con la cueva que estaba en ella, y todos los árboles que había en la heredad, y en todos sus contornos, como propiedad de Abraham, en presencia de los hijos de Het y de todos los que entraban por la puerta de la ciudad» (Gn. 23:18-19).

¿Quieren saber por qué los judíos son tan buenos en los negocios? Necesitan estudiar bien este pasaje de Génesis 23. Abraham se quedó con toda la heredad, incluyendo la cueva de Macpela y sus alrededores. No compró nada segregado. En un solo negocio lo adquirió todo. Cuando Dios los anime a adquirir algo, adquiéranlo todo.

Me gusta la declaración, «como propiedad de Abraham». Ese terreno fue lo primero que el padre de la fe adquirió en la tierra prometida de Canaán. Fue el adelanto de la promesa divina.

Abraham compró con testigos: «…en presencia de los hijos de Het, y de todos los que estaban por la puerta de la ciudad». Nunca haga negocios importantes sin la presencia testigos. Los negocios a escondidas pueden resultar peligrosos. Ahí, en la cueva de Macpela, al oriente de Mamré, en Hebrón, en Canaán, Sara recibió su sepultura con honra y dignidad (Gn. 23:19).

«Y quedó la heredad y la cueva que en ella había, de Abraham, como una posesión para sepultura, recibida de los hijos de Het» (Gn. 23:20).

El patriarca fue el dueño de toda esa propiedad. Además de Sara, Abraham, Isaac, Jacob, Rebeca y Lea fueron sepultados en la cueva de Macpela hasta el día de hoy (Gn. 25:7-10; 35:28; 49:28-33).

En Hebrón la Autonomía Palestina y el Gobierno de Israel, se comparten la custodia de los sepulcros de los patriarcas: Abraham/Sara, Isaac/Rebeca, Jacob/Lea. Y antes de ascender a los mismos está el sepulcro del general Abner que mató Joab. Es un lugar sagrado para musulmanes y judíos. (Quien esto escribe ha estado varias veces en ese lugar.) ¡Dios primero, nos da algo, para luego dárnoslo todo! Hoy día Israel posee mucho de lo que Abraham compró por adelantado.

Conclusión

Hombres y mujeres de fe son personas con emociones y sentimientos, que lloran y sufren. Hombres y mujeres de fe son príncipes de Dios ante los plebeyos del mundo. Hombres y mujeres de fe saben tomar posesión de las promesas de Dios.

03
La muerte de Raquel e Isaac

Génesis 35:19, RV1960

«Así murió Raquel, y fue sepultada en el camino de Éfrata, la cual es Belén»

Génesis 35:29, RV1960

«Y exhaló Isaac el espíritu, y murió, y fue recogido a su pueblo,
viejo y lleno de días; y lo sepultaron Esaú y Jacob sus hijos»

Introducción

Jacob salió con su clan de Bet-el, y de camino a Éfrata, Belén, Raquel le dio a luz a su hijo Benjamín, pero esta murió (Gn. 35:16-20). Luego Israel, nombre como se le conoce aquí a Jacob, levantó su tienda «más allá de Migdal-edar» (Gn. 35:21).

Su hijo primogénito Rubén tuvo intimidad sexual con Bilha, concubina de Israel (Gn. 35:22). Luego se da un listado de todos sus hijos con sus madres (Gen 35:23-26).

Jacob llegó a Hebrón y visitó a Isaac, quien murió a los ciento ochenta años (Gn. 35:27-29). Esaú y Jacob estuvieron juntos en el sepelio de su padre (Gn. 35:29).

1. La muerte de Raquel

«Así murió Raquel, y fue sepultada en el camino de Éfrata, la cual es Belén» (Gn.3 5:19).

En la peregrinación de Bet-el camino a Belén, Raquel estaba en su último mes de embarazo, «y hubo trabajo en su parto» (Gn. 35:16). Las bendiciones de Dios llegan arropadas de trabajo y pruebas. El parto para Raquel, la favorita de Jacob, fue muy difícil. Muchos partos espirituales traerán mucho trabajo, y aflicciones humanas.

Al ver las dificultades que Raquel enfrentaba tratando de dar a luz, la partera con su experiencia le dio ánimo diciéndole: «No temas, que también tendrás este hijo» (Gn. 35:17). A cualquiera que enfrenta una crisis de salud, con la guadaña de la muerte que se le mueve cerca, se le tiene que dar esperanza. Aquella pobre mujer parturienta necesitaba esperanza y de aquella desconocida la recibió. Se necesitan personas como aquella partera que animen y ofrezcan esperanza para que muchos partos espirituales ocurran. ¡Que nazcan proyectos! ¡Que nazcan ministerios!

La expresión «al salírsele el alma» (Gn. 35:18), significa que se estaba muriendo y tenía fuertes dolores de parto. Raquel solo alcanzó a ver a su hijo salir y le llamó «Benoni», que quiere decir «hijo de mi tristeza» (Gn. 35:18). Para muchas madres que sufren con los hijos estos son «Benoni».

Raquel con su muerte dio a luz la vida de su hijo Benjamín. Jacob por el contrario, llamó a aquel niño «Benjamín» que quiere decir «hijo de la mano derecha» o «hijo de la diestra». Con ese nombre profetizaba que un día ese niño sería su mano derecha. Y efectivamente así fue, cuando José fue arrancado del lado de Jacob, Benjamín era su compañía, su mano derecha. Los padres y las madres necesitan hijos que se transformen en sus manos derechas. Que esté ahí cuando los necesiten, que respondan cuando los llamen.

Muchas veces a nosotros, cuando maduramos en la gracia, crecemos en la fe, nos desarrollamos en la esperanza, el Señor Todopoderoso comienza a quitarnos como a Jacob, seres queridos que toman nuestros afectos; y de esa manera nos enseña a depender más y más de Él. Con la muerte de Raquel, Jacob se desconectó de Padan-aram.

«Jacob levantó un pilar sobre su sepultura» (Gn. 35:20). La tradición del Génesis declara: «esta es la señal de la sepultura de Raquel hasta hoy» (Gn. 35:20). Para la época del tiempo del rey Saúl se menciona «al sepulcro de Raquel, en el territorio de Benjamín...» (2 R. 10:2).

Interesante es que Belén llegó a ser la porción territorial que se le dio a la tribu de Benjamín. A la entrada de la ciudad Belén, ahora cubierta por una gigantesca muralla, está una tumba que la tradición milenaria la reconoce como la tumba de Raquel, llamada «la pastora de los beduinos», y junto a la misma hay un cementerio beduino. Este servidor la ha visitado muchas veces.

«Y salió Israel, y plantó su tienda más allá de Migdal-edar» (Gn. 35:21). Para los lectores inmediatos de esta tradición del Génesis, esta información era un punto de referencia geográfico. Para nosotros, significa que tenemos que movernos a un «más allá» de donde estamos plantados. No podemos ser sedentarios espirituales, sino creyentes progresistas y en continuo movimiento espiritual. Como Iglesia de Jesucristo, como embajadores de «el reino de los cielos», debemos movernos a otros niveles, a un «más allá» de búsqueda y compromiso con Dios. Ese «más allá» nos habla de cambios, de procesos, de superación y de logros mayores.

2. Los hijos de Jacob

«Aconteció que cuando moraba Israel en aquella tierra, fue Rubén y durmió con Bilha, la concubina de su padre; lo cual llegó a saber Israel. Ahora bien, los hijos de Israel fueron doce» (Gn. 35:22).

¿Por qué se hace mención de este vergonzoso y bochornoso incidente? ¿Por qué no se abundó más en la reacción de Jacob? Todo lo que se puede decir es simple especulación. Pero este relato nos deja saber que Jacob tuvo problemas con uno de sus hijos, al igual que muchos padres. La Biblia es clara y precisa, sus páginas están ilustradas por familias, matrimonios, hijos, padres, hermanos, personas como tú y como yo. Y al contextualizar esas historias, descubrimos al Dios de la Biblia respondiéndonos y enseñándonos por medio de las mismas.

Rubén era el hijo mayor que Jacob tuvo con Lea, y este hijo defraudó a su padre Jacob, porque se acostó con Bilha, la madre de Dan y Neftalí, sus medios hermanos. Este hijo primogénito tuvo una relación incestuosa con aquella concubina de su padre Jacob. ¡Hasta en las mejores familias se cuecen habas!

La reacción de Jacob la podemos leer en la profecía que ya anciano dio a sus hijos, y lo que le profetizó a Rubén: «Rubén, tú eres mi primogénito, mi fortaleza, y el principio de mi vigor; principal en dignidad, principal en poder. Impetuoso como las aguas, no serás el principal, por cuanto subiste al lecho de tu padre; entonces te envileciste, subiendo a mi estrado» (Gn. 49:3, 4).

Rubén mancilló el lecho de su padre al acostarse con su concubina Bilha. Para Jacob, Rubén lo fue todo, su primogénito, su fortaleza y el principio de su vigor, pero Rubén perdió su «dignidad» y su «poder», dejando de ser «el principal». Jacob le quitó la investidura de su primogenitura, y se la dio a José (Gn. 49:26). Su pecado afectó a sus generaciones, ya que la doble porción del primogénito, Jacob la dividió entre Efraín y Manasés (Gn. 48:21-22).

Desde luego la participación de Bilha en tan horrendo pecado, se oculta en el silencio de la historia. Pero es probable que ella diese lugar o abriese la puerta a la tentación de ese hecho vergonzoso, que trajo aflicción al anciano Jacob. Pero todavía el futuro deparaba más aflicción para Jacob. Para muchos seres humanos lo que no sufrieron cuando niños o jóvenes o en la temprana adultez, lo sufren cuando ancianos. Y que peor época para sufrir que en la ancianidad.

Las consecuencias del pecado pueden tener efectos muchos años después. Por causa del pecado se puede perder todo aquello que se ha recibido por la gracia divina. El pecado puede llevar a muchos a perder la primogenitura espiritual, la fortaleza espiritual, y las bendiciones del Padre celestial.

Rubén era la confianza de su padre Jacob, pero aquel acto lo retiró de su lado. Bilha al ser tocada por Rubén, hijo de Jacob, ya este no pudo acercarse más a ella. De esta manera también fue separado de estas relaciones. Muchas cosas son separadas de nosotros, para que nos vayamos acercando más y más al Creador.

Los versículos del 23 al 26 dan la nomenclatura de los doce hijos de Jacob, una de las muchas listas mencionadas en el Pentateuco y en otros lugares bíblicos. Se menciona que Gad y Aser, hijos de Jacob y Zilpa, nacieron en Padanaran (Gen 35:26); como una referencia geográfica.

3. La muerte de Isaac

«Y exhaló Isaac el espíritu, y murió, y fue recogido a su pueblo, viejo y lleno de días; y lo sepultaron Esaú y Jacob sus hijos» (Gn. 35:29).

Jacob visitó a su padre Isaac en Mamre, la ciudad de Arba, que se identifica en este relato con Hebrón. Se presume que su visita fue a causa de la enfermedad de Isaac (Gn. 35:27). En Hebrón vivió Abraham, y allí Isaac terminó sus últimos días (Gn. 35:27).

Esto nos hace pensar, que Jacob visitó a Isaac por estar enfermo y anciano. De aquí se puede desprender la aplicación de que los hijos deben ser responsables y dedicar mucha atención a los padres ya mayores, particularmente ancianos y ya enfermos. La geriatría, ciencia que estudia la vejez y sus enfermedades, trata del cuidado a los ancianos, la calidad de vida que se les debe dar a las personas de la tercera vida.

Isaac llegó a celebrar su cumpleaños ciento ochenta, un verdadero logro de longevidad humana. Según el registro bíblico, Isaac «exhaló el espíritu» (Gn. 35:29), lo cual era la manera hebrea de expresar el último suspiro humano. Con la muerte se reunió o «fue recogido a su pueblo, anciano...», es decir, se unió a aquellos que ya le habían precedido. La muerte es un re-encuentro con familiares y amigos que mudaron sus almas-espíritus.

No sabemos cómo vamos a morir en muchos casos, pero si podemos saber que cuando nos toque exhalar el espíritu, nos reuniremos con los santos de Dios que ya han partido hasta el día de la resurrección. Pero oremos a Dios para que podamos tener una muerte tranquila, pacífica y lo más de repente posible.

«... y lleno de días...» (Gn. 35:29). Un hermoso detalle para describir a un hombre de ciento ochenta años. Eso se refiere a que vivió muchos años. La longevidad es un don que Dios da a muchos seres humanos, y todo creyente debe pedirle al Padre Celestial en el nombre de Jesucristo, que le bendiga con estar «lleno de días». Abraham vivió ciento setenta y cinco años (Gn. 25:7-8). En Jacob no se menciona su edad al momento del fallecimiento (Gn. 49:33), pero se infiere que fue «ciento cuarenta y siete años» en el relato de Génesis 47:28-31. Isaac se destaca entre el abuelo y el hijo como el más longevo con «ciento ochenta años» (Gn. 35:28).

«... y lo sepultaron Esaú y Jacob, sus hijos» (Gn. 35:29). El funeral y el entierro es más para los que están vivos, y se quedan; es para despedir y decir adiós al estuche de ese ser querido. En ese funeral de Isaac, y en esa ceremonia de sepultura, se encontraron los dos gemelos, Esaú y Jacob.

La muerte de un ser querido acerca a los deudos. Allí, ya viejos, cansados, con los rostros trillados por las arrugas, estaban Esaú y Jacob despidiendo al padre que los había engendrado. Ellos a pesar de ser gemelos diferentes y opuestos, estaban unidos por un mismo padre. Era tiempo de dejar una vez más de lado sus diferencias, y juntos despedir el cadáver de su padre, que en vida para uno fue bueno, pero para el otro fue mejor. ¡Pero fue el padre de ambos! Si en vida, muchos familiares no se reconcilian, por lo menos se espera que lo hagan en la muerte de un ser querido.

Por eso la predicación en un funeral debe tener varios elementos: (1) Destacar las buenas cualidades del fallecido. (2) Ofrecer un mensaje de esperanza y de paz para los angustiados. (3) Presentar una oportunidad de reconciliación y perdón para familiares distanciados y separados por decisiones y actuaciones en la vida. (4) Darle la oportunidad a aquellos que están presentes de acercarse y buscar el rostro de nuestro Señor Jesucristo, reconciliando sus almas con el Salvador.

A la familia le corresponde esa tarea del funeral, son los responsables directos. Por eso cada familia debe hacer los preparativos y prepararse económicamente para ese día cuando esa noticia esperada y triste, pero no deseada, llegará.

Esaú había declarado en venganza: «... Llegarán los días del luto de mi padre, y yo mataré a mi hermano Jacob» (Gn. 27:41). Rebeca, madre de ambos, que favorecía a Jacob le aconsejó a este que huyera a la casa de Labán su hermano hasta que aquel enojo de Esaú se terminara (Gn. 27:42-45). Desde luego Isaac vivió más de veinte años más. Aunque Esaú pensó en una muerte prematura para su padre, el tiempo le demostró lo contrario. ¡Solo Dios sabe cuando ese día de mudarnos más allá de las nubes y más allá de las estrellas habrá de llegar.

Al final, aunque en un momento cubierto con la neblina del luto y bañado con lágrimas de duelo, los dos gemelos diferentes y opuestos, se encontraron en el funeral para nunca más volverse a re-encontrar. Pero todo indica que las relaciones entre ambos se superaron, y en la muerte de su padre Isaac lo demostraron. Todo funeral debe producir una reacción reconciliadora entre familiares enemistados por cosas del pasado. Es el momento de olvidar, sanarse y seguir hacia adelante en la vida.

Conclusión

Este capítulo 35:16-29 se cierra con la muerte de Raquel, esposa de Jacob, el pecado inmoral de su hijo Rubén con su concubina Bilha, y la muerte de Isaac padre de Jacob.

04
La muerte de Jacob

Gn. 49:28, RV1960

*«Y como acabó Jacob de dar órdenes a sus hijos, encogió sus pies en
la cama, y expiró; y fue reunido con sus padres»*

Introducción

Después de Jacob haber bendecido a cada uno de sus hijos como clanes tribales (Gn. 49:28), les declaró que el moriría, y deseaba ser enterrado junto a Abraham e Isaac en la cueva de Macpela en tierra de Canaán, donde estaban sepultados Sara, Rebeca y Lea (Gn. 49:29-32). Al terminar de expresar su última petición se contorsionó, y murió, lo cual el autor bíblico lo vio como una reunión con sus padres (Gn. 49:33).

1. La petición de Jacob

«Les mandó luego, y les dijo: Yo voy a ser reunido con mi pueblo. Sepultadme con mis padres en la cueva que está en el campo de Efrón el heteo» (Gn. 49:29).

Jacob pronunció palabras arropadas de bendiciones y con pronunciamientos proféticos para cada uno de sus hijos (Gn. 49:28). Fue el padre que hasta el último respiro de su vida, lo aprovechó para bendecir a sus hijos que quedarían atrás después de su partida. Los padres siempre deben tener bendiciones individuales y personales para cada hijo. A cada uno de los hijos se les debe dar un trato diferente, y se les debe desear algo propio para ellos.

«Les mandó luego, y les dijo: Yo voy a ser reunido con mi pueblo. Sepultadme con mis padres en la cueva que está en el campo de Efrón el heteo» (Gn. 49:29-30).

Jacob veía el momento de su muerte como una reunión con su «pueblo», refiriéndose al «pueblo» hebreo, su gente. Que luego se le llamaría Israel en honor a su nombre; él dio nombre a una nación, y así se le conoce hasta el día de hoy.

La muerte debe verse como esa reunión de creyentes con otros creyentes de la fe, que a su vez se reunieron con otros de la fe. La muerte es encontrarnos con seres queridos, encontrarnos con familiares, que por su fe y consagración han llegado ya al cielo.

¡La muerte es una reunión de esperanza!
¡La muerte es una reunión de eternidad!
¡La muerte es una reunión de santos!
¡La muerte es una reunión de reconocidos!
¡La muerte es una reunión con Jesucristo!

Lamentablemente hoy se ha desarrollado una teología que dice: «No importa como hayas vivido, lo que importa es que hayas tenido amor por Jesucristo». Eso lo hemos escuchado de un predicador norteamericano en el funeral de la famosa cantante Witney Houston.

Jacob les pidió a sus hijos que llevaran su cadáver a la tierra de Canaán, a la cueva de Macpela en el «campo de Efrón el heteo»; la cual compró Abraham como anticipo de la tierra prometida para sus generaciones. Él quiso ser sepultado en la tierra de la promesa.

Hasta donde sea posible, la petición de un moribundo sobre su funeral, o de alguien que en vida ha pedido ser enterrado en cierto lugar debe tratarse de cumplir. Jacob quería ser sepultado junto a sus padres. Las descripciones del lugar, geográficamente hablando, eran específicas, no podía haber confusiones. Un testamento para cumplirse después de la muerte aunque sea verbal, debe ser claro y específico. ¡No dejemos las cosas al garete! ¡En vida arreglemos todo!

«Allí sepultaron a Abraham y a Sara su mujer, allí sepultaron a Isaac y a Rebeca su mujer, allí también sepulté yo a Lea» (Gn. 49:31). Era el cementerio de la familia patriarcal. En Hebrón (hoy día forma parte de la Autonomía Palestina), bajo una mezquita, se conservan según la tradición los sepulcros de estos patriarcas y matriarcas, incluyendo el sepulcro de Jacob. Interesante es que Jacob afirma «allí también sepulté yo a Lea».

Lea había sido su realidad y Raquel fue su expectativa. Su realidad, y no su expectativa, él la sepultó allí. Llegará el día cuando seremos sepultados junto a nuestras realidades. A Lea, Jacob, la honró como matriarca tribal a pesar de que Lea no fue su elección, no fue su voluntad, él vivió con ella a la altura de su responsabilidad marital. Ella lo había bendecido con hijos de la promesa.

Luego añade: «La compra del campo y de la cueva que está en él, fue de los hijos de Het» (Gn. 49:32). Una vez Jacob recalca que ese campo, con su cueva mortuoria, fue adquirido en calidad de venta. Era un patrimonio familiar.

En los 17 años que Jacob vivió en Egipto vio muchas promesas de Dios cumplirse para su vida. En Génesis 46:3, Dios le prometió: «Yo soy Dios, el Dios de tu padre; no temas descender a Egipto, porque allí yo haré de ti una gran nación... y yo también te haré volver, y la mano de José cerrará tus ojos».

2. La expiración de Jacob

«Y como acabó de dar órdenes a sus hijos, encogió sus pies en la cama, y expiró, y fue reunido con sus padres» (Gn. 49:33).

Hasta el final Jacob continúo dando órdenes. Dio toda la profecía completa a sus hijos, hasta que terminó no murió. Mis amigos el Rvdo. Mario Marrero y el Rvdo. Dr. Jaime Pérez, ambos sufriendo de condiciones terminales a causa del hígado, continuaron dando órdenes cinco años después de la ciencia médica haberlos desahuciado, y de hacerlos candidatos al pabellón de los muertos. ¡Ellos lograron hacer grandes cosas para el reino de Dios! ¡Siguieron dando órdenes!

Mis amigos el Rvdo. Raúl Serrano, el Rvdo. Mario Marrero, el Rvdo. Raúl González, el Rvdo. Dr. Jaime Pérez, desarrollaron proyectos de servicios sociales y hogares de rehabilitación. Esos años «de dar órdenes» fueron productivos en sus vidas. El espectro y el frío de la muerte, no los paralizó en sus responsabilidades ministeriales de continuar en el trabajo «de dar órdenes».

Jacob, hasta el último minuto de su existencia terrenal, no paró «de dar órdenes», porque en lo espiritual nunca dejó de estar firme y en control de su posición de autoridad. El ser humano no puede dejarse amedrentar, ni soltar el timón de su barco, aunque algún «Euroclidón» en su vida amenace con ahogarlo en su presente vida.

Ese día final en la vida de Jacob, fue bien aprovechado por este, bendijo y profetizó a todos y a cada uno de sus hijos, y luego dio instrucciones específicas sobre su sepultura. El sepultarlo donde él quería serían sus ordenes cumplidas después de él haberse ido de la presencia de sus doce hijos, y todos sus nietos.

El testamento es la última voluntad de un ser humano para ser ejecutada después de su muerte. Aun después de una persona fallecer su voluntad puede continuar dictando sobre las voluntades de otros. A sus hijos, Jacob les dio una gran asignación. Aunque la vida presente de uno parezca que termina, el trabajo de lo que queremos debe seguir hacia adelante.

Jacob aprovechó hasta el último hálito de su vida. No vio en la muerte un problema existencial, sino que antes de morir resolvió cualquier problema futuro de esta para sus hijos. He visto a muchos que con la mano puesta en la manecilla del portón de la muerte no toman las decisiones correctas, y su muerte les crea serios problemas a sus deudos. ¡No resolvieron el problema o los problemas que dejaría su muerte, como propiedades y cuentas de bancos, para otros les dejaron agravios!

Después de Jacob haber dicho lo que tenía que decir «encogió sus pies en la cama, y expiro…» (Gn. 49:33). Con dificultad Jacob se levantó de la cama para conocer a los hijos de José, sus nietos llamados Manasés y Efraín, donde leímos: «Entonces se esforzó Israel, y sentóse sobre la cama» (Gn. 48:2).

Por fin le llegó la hora de no continuar esforzándose más. Acostado ahora en su cama, terminó de hablar y dar órdenes, y «encogió sus pies en la cama…». Ese día de encoger los pies nos llegará a muchos de nosotros. Hemos estado ensayando ese encogimiento de pies desde muy niños, la muerte se ensaya cada vez que nos acostamos a dormir. Llegará el día cuando ya no despertaremos de ese sueño y tendremos que encoger los pies. En mi tierra natal, Puerto Rico, se dice: «Estirar la pata».

Todo lo que tengamos que realizar para Jesucristo lo tenemos que realizar ahora. Jesús nos enseñó que mientras el día dura tenemos que trabajar, porque llegará la noche cuando nada se podrá hacer.

«Me es necesario hacer las obras del que me envió, entre tanto que el día dura; la noche viene, cuando nadie puede trabajar» (Jn. 9:4).

Este es el tiempo de Jesucristo para nuestras vidas. Ese día de encoger los pies, puede estar distante o puede estar cercano. El tiempo para nosotros servir y trabajar por el Señor Jesucristo, es ahora. En misiones se dice: «Si no somos nosotros, ¿quiénes? Si no es ahora, ¿cuándo?».

Se nos dice: **«… y expiró, y fue recibido con sus padres»** (Gn. 49:33). Esa expresión «y expiró» es alusiva a que el soplo de vida salió de Jacob. Génesis 2:7 declara de la acción divina en la creación humana: «… y alentó en su nariz soplo de vida, y fue el hombre en un alma viviente».

Después de Jesús el Mesías decir: **«Consumado es»** (Jn. 19:30), se lee: **«Y habiendo inclinado la cabeza dio el espíritu»** (Jn. 19:30). Todo evidencia que morir es cuando el alma-espíritu abandona el cuerpo, o cuando se entrega ese aliento o soplo de vida de regreso al Creador que lo dio. Esa dualidad alma-espíritu son inseparables en esta vida y en la vida eterna.

Jacob **«expiró»**, e inmediatamente se reunió con sus padres. Jacob continuó en estado de existencia espiritual. Tuvo una reunión inmediata, su alma-espíritu no se quedó flotando en el espacio, no se fue a un lugar de reclusión espiritual, no se fue a un estado de soledad en el más allá. Se declara enfáticamente, «y fue reunido con sus padres». Jacob tuvo un «Family Reunion» o una «Reunión familiar». Eso es la muerte del creyente, una reunión con la familia de la fe.

El último mensaje, muy personal, del 'Hermano Pablo', del conocido programa radial «Un Mensaje a la Conciencia», fue titulado «No Lo Crean»:

«Algún día cuando corra la noticia de mi muerte ¡No lo crean!, así como les digo ¡No lo crean! Aunque mi corazón haya dejado de latir, mi alma, mi espíritu no habrá muerto. Es más ese día estaré más vivo que nunca, solo me habré trasladado a una vida superior, donde no hay enfermedades ni dolor ni tristeza. Es que yo nací dos veces: mi primer nacimiento fue del cuerpo y el segundo nacimiento de mi espíritu, ese segundo nacimiento me garantiza vida eterna al lado de nuestro Señor Jesucristo».

Conclusión

Todo en la vida llegará a su fin. Debemos estar preparados, sin preocuparnos, por ese día de la muerte. Hagamos todo lo que Jesucristo espera de nuestra parte, y dejemos a Él, la parte que le toca. La muerte para el creyente no es un final, es un comienzo para vivir eternamente en la presencia de Jesucristo.

05
La muerte de José

Génesis 50:26, RV1960

«Y murió José a la edad de ciento diez años; y lo embalsamaron,
y fue puesto en un ataúd en Egipto»

Introducción

A la muerte de Jacob, los hermanos de José se preocuparon y temieron que esto les hiciera algún daño (Gn. 50:15). Por eso le enviaron el recado de que su padre le pedía que los perdonara (Gn. 50:16-17). Esto hizo llorar al soñador (Gn. 50:18) y les dio palabras de confianza y esperanza (Gn. 50:19-21).

Después de José vivir ciento diez años, y ver hasta la tercera generación de Efraín y criar los nietos de Manasés, les profetizó a sus hermanos el éxodo a Canaán, y pidió ser sepultado allá, luego murió, fue embalsamado y puesto en un ataúd egipcio (Gn. 50:22-26).

1. El temor de los hermanos de José

«Viendo los hermanos de José que su padre era muerto, dijeron: Quizá nos aborrecerá José, y nos dará el pago de todo el mal que le hicimos» (Gn. 50:15).

Diecisiete años después de estar en Egipto y haber muerto su padre Jacob (Gn. 47:28 cf. 49:33), los hermanos del soñador experimentaron un sentimiento de culpa. El recuerdo de lo que le hicieron a José cuando era un joven de diecisiete años, todavía los mortificaba.

No hay peor acusador que el juez de la conciencia. El mal que se ha hecho a gente justa, nunca será borrado de la pizarra de la memoria. Los hermanos de José tuvieron que vivir toda su vida reviviendo su pasado y mala conducta, remordidos por su conciencia que los acusaba.

Ellos decían: «Quizá nos aborrecerá José y nos dará el pago de todo el mal que le hicimos» (Gn. 50:15). Sin la presencia de un padre que les ofrecía garantía social, los hermanos de José se sentían desamparados, desprotegidos e inseguros. Pensaban que José los aborrecería y los trataría mal. ¡Pero estaban bien equivocados! ¡Sufrían de una paranoia imaginada! La mente les estaba jugando tretas y trucos.

En el mensaje que le enviaron a José dijeron: «Te ruego que perdones ahora la maldad de tus hermanos y su pecado, porque mal te trataron; por tanto, ahora te rogamos que perdones la maldad de los siervos del Dios de tu padre» (Gn. 50:17).

Los hermanos de José continuaban reconociendo su maldad y su pecado. Se sentían malos y pecadores por lo que habían hecho. Su problema era de índole espiritual, aunque Dios los perdonó y, José los había perdonado, ellos todavía no se habían perdonado. Por eso confesaban, «porque mal te trataron».

Muchos seres humanos aunque Jesús los perdonó, el padre los recibió, se dejan engañar por el diablo que les continúa acusando. Y se olvidan que cuando Jesús perdona no hay revanchas espirituales. El perdón de Dios es retroactivo y proactivo. Cuando somos perdonados, somos perdonados.

2. El Sentimiento de José

«Y José lloró mientras hablaban» (Gn. 50:17). Jesús también lloró ante la tumba de Lázaro (Juan 11:35); lloró previo a su entrada triunfal cuando contempló a Jerusalén (Lucas 19:41); y al orar en Getsemaní también lloró (Heb. 5:7). Al leer que «José lloró», el mismo sentimiento nos cubre a nosotros.

«Y José lloró mientras hablaban». Las palabras pueden hacer que uno ría o que uno llore, despiertan emociones o levantan sentimientos. José, el soñador, era muy sentimental. Tenía las lágrimas a flor de ojo.

Ya con anterioridad, cuando vio a sus hermanos expresó sus sentimientos: «Entonces se dio a llorar a gritos...» (Gn. 45:2). Cuando se encontró con su padre Jacob, también leemos: «... y se manifestó a él y se echó sobre su cuello y lloró sobre su cuello largamente» (Gn. 46:29). Otro pasaje lee: «... y buscó donde llorar... y lloró allí» (Gn. 45:30).

Busca siempre un hombro donde llorar. Alguien con el cual puedas sacar para afuera tu dolor y tristeza. Préstale tu hombro a alguien para que llore sobre ti. El ser humano necesita descargar y descansar sobre alguien. Jesús dijo: «Venid a mí todos los que estáis trabajados y cargados y yo os haré descansar».

Los realizadores y emprendedores, lloran cuando escuchan que a los que ayudan o han ayudado, los malinterpretan, hablando y juzgando su carácter. No nos adelantemos a llegar a conclusiones juiciosas, sin antes tener pruebas en contra de la persona que acusamos. José fue víctima de una proyección sicológica nacida en sus hermanos.

El lloró porque se sentía sin culpa, inocente, estaba limpio. Su espíritu estaba en paz con Dios. En su corazón no había espacio para la venganza, ni el rencor, solo tenía espacio para sueños buenos y no pesadillas desagradables.

«Vinieron también sus hermanos y se postraron delante de él, y dijeron: Henos aquí por siervos tuyos» (Gn. 50:18). En Génesis 44:16 dijeron palabras similares: «... he aquí, nosotros somos siervos de mi señor...», todavía mantenían una actitud de esclavos, se sentían que no tenían voluntad propia. Eran libres en Egipto, pero querían ser esclavos. Veían a José como un amo y no como un hermano. No habían crecido en sus interrelaciones para con él. José no tenía problemas con ellos, eran ellos lo que tenían problemas con él.

Muchos afroamericanos, descendientes de esclavos africanos, aun después de la emancipación gracias al Presidente Abraham Lincoln, todavía mantienen una mentalidad preterista de esclavitud. Muy diferente a muchos afrohispanos, que también tenemos raíces africanas, pero que hemos superado el pasado. Somos libres en mente, voluntad y sentimientos.

Juan V Galdámez Palma cuenta esta ilustración de Simón Bolívar: Él ha sido uno de los hombres grandes de nuestra América Latina, y figura entre los hombres que han cambiado la historia del mundo. Nació en Caracas, Venezuela el 23 de julio de 1783, y murió en Colombia, el 17 de diciembre de 1830. Murió tuberculoso y solo. Nadie quería vestir su cadáver y uno de los doctores lo hizo.

Tenía todas sus camisas rotas, y se buscó una prestada. Dejó sus huesos a su ciudad de Caracas; su libro más querido a la Universidad de Caracas; nunca aceptó ser coronado, solo que se le conociera como «primer ciudadano de Colombia».

Fue el libertador de cinco naciones; pagó el precio de la libertad por 2.500 esclavos de Perú, con un millón de duros. En sus propias palabras dijo Simón Bolívar: «Yo doy un millón de duros para que se compren todos los esclavos del Perú, y se les dé su libertad. Y si no alcanza, daré lo que faltare de lo mío. Pues no basta que la nación sea libre de los extranjeros, si en ella hay todavía hombres esclavizados» (Adolfo Robleto, *501 Ilustraciones nuevas*, Casa Bautista de Publicaciones, 1984, páginas 138-139).

Dice la Escritura: «Así que si el Hijo os libertare, seréis verdaderamente libres» (Juan 6:36). Por causa de Jesucristo somos libres del pecado, de la condenación, del infierno y del juicio eterno.

3. La respuesta de José

«Y les respondió José: No temáis; ¿acaso estoy yo en lugar de Dios? (Gn. 50:19).

Esas palabras, «no temáis», nos recuerdan lo expresado por nuestro Señor Jesucristo: «¿Por qué teméis hombres de poca fe?» (Mt. 8:26) Con Jesús en la barca no perecemos. Jesús es Señor de las tempestades.

La falta de fe produce temor, desconfianza e inseguridad. Los hermanos de José nunca crecieron en un grado de fe para con él. El temor mata la fe, asesina la esperanza y fusila la confianza.

En Génesis 50:21 añade: «no tengáis miedo». Les puso una inyección de estima y de motivación. Les faltaba «Vita-Lea» espiritual en su ser interior. Notemos esa expresión del soñador a sus hermanos: «¿Acaso estoy yo en lugar de Dios?» (Gn. 50:19). En el curso de consejería pastoral se le enseña a los alumnos a no jugar el papel de Dios en las sesiones de consejería, de parte del consejero al aconsejado. Jugar a Dios es juzgar a otro.

Romanos 2:2 lee: «Por lo cual eres inexcusable, oh hombre, quienquiera que seas tú que juzgas; pues en lo que juzgas a otros, te condenas a ti mismo; porque tú que juzgas haces lo mismo».

El lugar de Dios no puede ser usurpado por ningún creyente. José no se quería poner en lugar de Dios. Él conocía el lugar que a Dios le correspondía. El *anthropos* no puede tomar el lugar del *Theos*. Dios es el creador, nosotros somos sus criaturas.

Una vez más el soñador les repite: «Vosotros pensasteis mal contra mí, mas Dios lo encaminó a bien, para hacer lo que vemos hoy, para mantener en vida a mucho pueblo» (Gn. 50:20, cf. 45:5,6). José estaba definido en el propósito de Dios para su vida. Su testimonio no era acerca de sus pruebas pasadas, sino del plan que Dios le agendó para su vida. ¡Metámonos en la agenda divina! Luego les promete: «… yo os sustentaré a vosotros y a vuestros hijos. Así los consoló y les habló al corazón» (Gn. 50:21).

«… yo os sustentaré…». Tenía bendiciones para darle bendiciones a sus consanguíneos. Ante ellos él se hacía responsable. Un soñador sustenta a los que están en necesidad. Comparte tus bendiciones con otros que las necesitan.

«... **así los consoló**...». No los regañó, no peleó con ellos, no discutió, los consoló. Eso era todo lo que necesitaban. Alguien a quien ventilar sus preocupaciones y que tuviera oídos para escucharlos. De vez en cuando necesitamos una catarsis mental, una catarsis emocional, una catarsis espiritual, saquemos para fuera todo aquello que nos está afectando en el subconsciente. Tenemos que darnos un buen enjuague mental. La mente se carga de muchas cosas negativas y se tienen que desaguar.

«... **y les habló al corazón**». Fue un comunicador con mucha puntería. Sus palabras dieron en el blanco perfecto. El consejero habla al corazón del aconsejado. La mucha verborrea enferma. ¡Hable al corazón!

Los predicadores con experiencia sabemos que llegar al corazón de los oyentes es comunicar con puntería. No es hablar 'a' es hablar 'con'. Si se llega al corazón se llega a la persona.

4. La muerte de José

«Y murió José a la edad de ciento diez años; y lo embalsamaron, y fue puesto en un ataúd egipcio» (Gn. 50:26).

El soñador llegó a anciano, celebró su cumpleaños número ciento diez (Gn. 50:22) (¡la torta tendría que ser gigantesca!). Por parte de su hijo Efraín vivió para ver a sus biznietos (Gn. 50:23) y crió a los hijos de su nieto Maquir, hijo de Manasés (Gn. 50:23). La bendición de Dios siempre lo acompañó. Fue padre, abuelo y bisabuelo, vio tres generaciones, a las cuales bendijo directamente con su presencia y con sus palabras.

Dios le reveló que iba a morir antes que sus hermanos, y los reunió para hablarles diciéndoles: «Yo voy a morir, mas Dios ciertamente os visitará, y os hará subir de esta tierra a la tierra que juró a Abraham, a Isaac y a Jacob» (Gn. 50:24).

«**Yo voy a morir**...». La muerte es lo más seguro que le va a ocurrir a uno (a no ser que Jesucristo venga y levante a su Iglesia). Tenemos que prepararnos espiritualmente para este momento, porque muchas veces se adelanta y no espera a que lleguemos al invierno, sino que nos sorprende en la primavera, el verano o el otoño.

Un amigo mío, recibió el resultado fatal de su doctor. Este le dijo: «Estás fregado, los resultados son desfavorables». A lo que este respondió: «No es fácil pensar que uno tiene que morir, pero doctor, usted también se va a morir, y puede que muera antes que yo. La diferencia es que yo sé adónde voy, ¿pero usted sabe adónde irá?».

Esa verdad de «yo voy a morir», nos debe alentar a vivir vidas completas y satisfactorias en la presencia de Dios. Las pisadas de la muerte con la guadaña en su mano se escuchan cada día en nuestras vidas, sabemos que viene, pero no sabemos cuándo viene. Pero esperémosla sin mucha preocupación; cuando llegue estaremos listos para ella.

«...más **Dios ciertamente os visitará...**». Les ofrece una esperanza de visitación divina. Ve a Dios visitando a su pueblo hebreo cuatro siglos después en la persona del libertador Moisés. En la persona de Jesucristo Dios vio los seres humanos, y visitará de nuevo este mundo para levantar a su Iglesia al cielo.

«...**y os hará subir de esta tierra a la tierra que juró a Abraham, a Isaac y a Jacob...**». El soñador profetiza el éxodo de Egipto. En su espíritu vio a un pueblo hebreo que abandonaba Egipto.

«...**y haréis llevar de aquí mis huesos**». Solicitó esta promesa. Aunque moriría y sería sepultado en Egipto, deseaba que sus huesos acompañaran al pueblo hebreo cuando este conquistara Canaán (Gn. 50:25; cf. Heb. 4:22).

En Éxodo 13:19 leemos: «Tomó también consigo Moisés los huesos de José, el cual habían juramentado a los hijos de Israel, diciendo Dios ciertamente os visitara, y haréis subir mis huesos de aquí con vosotros».

En Josué 24:32 leemos: «Y enterraron en Siquem los huesos de José, que los hijos de Israel habían traído de Egipto...». El libro de Génesis cierra con el capítulo 50:26 donde se lee: «Y murió José a la edad de ciento diez años y lo embalsamaron, y fue puesto en un ataúd en Egipto».

Allí, en Siquem, no lejos de donde está el pozo de Jacob, del cual he bebido literalmente agua, la tradición mantiene una tumba conocida como la de José. Y por la misma judíos y palestinos han peleado. ¡El soñador murió, pero no sus sueños!

El Espíritu Santo y el Señor Jesucristo continúan activamente buscando y levantando soñadores, realizadores, triunfadores, actualizadores, que substituyan a José. Él murió, pero tú y yo vivimos para ser parte de una generación de soñadores. ¿Serás tú uno de esos soñadores del tercer milenio? ¿Qué estás soñando? ¿Cómo tus sueños pueden ayudar a tu generación? ¿Por qué el mundo y la iglesia están a la espera de un soñador?

Conclusión

A muchos seres humanos se les hace y se les hará difícil olvidar que fueron malos con algún soñador. Los realizadores saben perdonar y son sentimentales cuando otros no lo entienden así. El actualizador o la actualizadora entienden que para que Dios cumpla con su propósito en su vida necesitan tener entrenamiento en la escuela del sufrimiento. El triunfador o la triunfadora son realistas, se preparan para lo peor, y esto incluye enfrentar la muerte. Ellos mueren, no los sueños, tampoco las metas, ni los logros y menos los propósitos.

06
La muerte anunciada a Moisés

Deuteronomio 31:14, RV1960

«Y Jehová dijo a Moisés: 'He aquí se ha acercado el día de tu muerte; llama a Josué, y esperad en el tabernáculo de reunión para que yo le dé el cargo'. Fueron, pues, Moisés y Josué, y esperaron en el tabernáculo de reunión»

Introducción

El capítulo 31 de Deuteronomio señala dos temas sobresalientes: (1) La revelación de la muerte de Moisés (Dt. 31:2, 14 y16). (2) La instalación de Josué (Dt. 31:7, 8, 14, 23).

Primero, Moisés llamó a Josué para el cargo Dt. (31:7). Segundo, Dios fue el que llamó a Josué por medio de Moisés (Dt. 31:3, 14). Dios llama al ministerio por intermedio de hombres y mujeres en posición de autoridad.

1. La revelación a Moisés

«Y Jehová dijo a Moisés: 'He aquí se ha acercado el día de tu muerte'» (Dt. 31:14).

Todos sabemos que vamos a morir, pero no a todos Dios no revelará el día de la muerte. Jehová Dios no tenía ni mantenía secretos que fueran a afectar a la vida del profeta Moisés.

Cuando el creyente mantiene una vida de comunión y de intimidad con Dios este le revela muchas cosas, y aun es probable que le revele el día de la muerte. Desde luego, a la mayoría de nosotros no nos gustaría saber el día de la muerte. Ella vendrá, su guadaña nos alcanzará, pero el factor sorpresa será lo mejor.

Moisés dirigía una gran nación sin territorio, era un pueblo en éxodo que todavía no se había asentado. Dios no quería que Israel se quedara huérfano de liderato. Por eso le reveló a Moisés la cercanía, la proximidad, la inminencia, la prontitud de su muerte. ¡Era tiempo de transición y él tenía que colaborar en dicho proceso!

Dios instruyó a Moisés: «... **llama a Josué y esperad en el tabernáculo de reunión para que yo le dé el cargo...**». Dios llamó a Josué por intermedio de Moisés. El llamado y el cargo ministerial van asociados. Entre el llamado y la toma de posición del cargo había siempre un tiempo de espera «en el tabernáculo de reunión». Eso habla de un tiempo de comunión, de confirmación de revelación, de instrucción y de instalación.

Joyce Meyer dice: «Moisés fue un gran hombre de Dios, pero recordemos que después de haberse paseado durante cuarenta años por el desierto con el pueblo de Israel recibiendo la culpa de su necedad y terquedad, llegó a cierto punto de su vida en que su corazón fue tardo para creer. Entonces Dios tuvo que retirar a Moisés y reemplazarlo por Josué para así poder cumplir su propósito y misión para el pueblo de Israel» (*El desarrollo de un león*, Casa Carisma, p 117).

Dios «... se apareció en el tabernáculo en la columna de nube, y la columna de nube se puso sobre la puerta del tabernáculo» (Dt. 1:15) Allí, en el tabernáculo, se reunieron Moisés, Josué y la *Shekina* de Jehová.

Una vez más Dios le recuerda a Moisés: «... **He aquí tu vas a dormir con tus padres...**» (Dt. 31:16). Franca y directamente, ahora Dios le dice a Moisés: «Seguro es, te vas a morir como tus padres ya se murieron». La muerte es una profecía segura para todos, a no ser que sea un creyente y que Jesucristo venga y levante a la Iglesia. ¡Tú y yo nos vamos a morir! ¡La diferencia entre tu muerte y mi muerte es de tiempo. (¡Quizá!). Como dijo un personaje de una película que vi: «Lo más triste de mi funeral será el que yo no pueda cantar en el mismo».

2. El disgusto de Moisés

«Y este pueblo se levantará y fornicará tras los dioses ajenos de la tierra adonde van para estar en medio de ella; y me dejará, e invalidará mi pacto que he concertado con él» (Dt. 31:16).

Jehová Dios con cuatro verbos en futuro, indicó la deserción, la apostasía y el descarrío del pueblo de Israel. Estos verbos son: (1) «levantará»;

(2) «fornicarían»; (3) «dejará»; (4) «invalidará». Ellos invalidarían el pacto divino al aceptar «dioses ajenos», en vez del Dios de ellos.

Dios se encendería en furor contra Israel, los abandonaría y se escondería de él (Dt. 31:17). A Israel le vendría la consumación, males y angustias (Dt. 31:17). Como pueblo estaría desprovisto de la protección divina; esa falta de cobertura divina, los haría preguntarse: «¿No me han venido estos males porque no está mi Dios en medio de mí?» (Dt. 31:17).

A Moisés Dios le encargó escribir un cántico, que se conoce como el cántico de Moisés (Dt. 32:1-47). El mismo sería enseñado a los hijos de Israel, que serían testigos entre Dios y el pueblo (Dt. 31:19). Ese cántico de Deuteronomio 32:1-43 es de represión, de exhortación y de corrección al pueblo de Israel.

Interesante es que nuestros cánticos religiosos en estos días reflejan gozo, poder, alegría victoria, derrota del enemigo, pero rara vez hablan de nuestra desobediencia, falta de santidad, de entrega absoluta a Dios, de arrepentimiento y de quebrantamiento. ¡Cantamos para sentirnos bien y no para ser corregidos! Nuestra lírica cantada tiene que ser mejorada y actualizada.

«Porque yo les introduciré en la tierra que jure a sus padres, la cual fluye leche y miel, y comerán y se saciarán, y engordarán, y se volverán a dioses ajenos y los servirán y me enojarán e invalidarán mi pacto» (Dt. 31:20).

Ya antes Dios dijo que el pueblo invalidaría su pacto Dt. (31:16, 20). La tierra que «fluye leche y miel», tierra de ganados y cosechas, proveía a sus necesidades: «y comerán y se saciarán, y engordarán». Muchos son bendecidos en la tierra que «fluye leche y miel». Pero al igual que Israel abandonan el pacto con Dios y sirven a «dioses ajenos» como a «Mamón».

De antemano, Dios conoce los que serán agradecidos con Él y aquellos que a causa de la prosperidad se olvidarán de Jesucristo y de la Iglesia (Dt. 31:21). El mundo está lleno de malagradecidos o desagradecidos, gente que Jesucristo libertó, transformó, salvó y sanó, pero luego le dieron la espalda a causa de la «leche y miel». Muchos mientras no tienen trabajos, están enfermos y atraviesan crisis familiares, asisten regularmente a los templos; pero cuando les sobra la «leche y miel», se convierten en la oveja perdida entre los apriscos. Ellos desertan de la Iglesia y de Jesucristo.

3. La orden por Moisés

«Y dio orden a Josué hijo de Nún, y dijo: Esfuérzate y anímate, pues tú introducirás a los hijos de Israel en la tierra que les juré, y yo estaré contigo» (Dt. 31:23).

Después de Dios hablar con Moisés, por primera vez habló con Josué. De ahora en adelante Josué tendría oídos abiertos para escuchar la voz de Jehová Dios.

«... Esfuérzate y anímate...». Josué necesitaría fortaleza y ánimo. Pero él tendría que buscar ambas cosas. Su tarea exigiría hacer más de lo acostumbrado y estar en ánimo de hacerlo siempre.

Yo viajo mucho. ¡No siempre tengo deseos de viajar! Yo escribo mucho ¡No siempre tengo deseos de escribir! Soy miembro de muchas juntas. ¡No siempre deseo asistir a sus reuniones! Hago muchas cosas que no siempre deseo hacerlas. Pero me lleno de ánimo y me esfuerzo por hacerlas. ¡Ese es el secreto de mi éxito como ministro!

El esfuerzo contrarresta la debilidad y el ánimo neutraliza el desánimo. ¡Esfuerzo y ánimo! ¡Manos a la obra! ¡Levántese y actué! ¡Di que sí aunque no sientas ganas de hacer algo!

«... pues tu introducirás a los hijos de Israel en la tierra que les juré...». A Josué, Dios le dio su asignación. ¿Sabes cuál es la asignación de Jesucristo para tu vida? ¿Para qué has sido llamado al ministerio? ¿En qué esfera de trabajo te quiere emplear el Espíritu Santo?

Moisés fue el líder de las expectativas, pero Josué fue el líder de las realizaciones. Uno vio la tierra prometida y el otro la pisó y la pisaría. Uno sacó de Egipto a un pueblo, el otro metería a un pueblo a la tierra de Canaán. Ambos ministerios eran complementarios del mismo propósito divino. Uno llegó a su meta, el otro comenzaría su meta.

A pesar de que el pueblo de Israel le fallaría a Dios, este no le fallaría en cumplir la promesa de darle la tierra prometida. Lo que Dios juró a los patriarcas, darle una tierra, lo cumpliría en aquella generación.

¿Cuántas promesas y bendiciones no nos dará Jesucristo, a pesar de que sabe que le fallaremos como Iglesia? Pero «El Caballero de la Cruz» como lo llamaba el Lic. Rafael Torres Ortega, cumple siempre su Palabra.

«... y yo estaré contigo». Josué no estaría solo en esta comisión divina. Él no haría el trabajo solo. En este trabajo asignado, Dios y Josué serían socios. El cantante Miguelito tiene un cántico, que expresa como él fue sacado del mundo secular del merengue, titulado «Tengo Un Nuevo Empresario».

Aunque Moisés moriría, el proyecto de introducir al pueblo de Israel en la tierra prometida continuaría adelante; Josué empezaría donde Moisés terminaría. La obra de Dios nunca se quedará coja. Los planes de Dios seguirán adelante como Dios los ha programado. El Dios que estuvo con Moisés, seguiría acompañando a Josué. Dios se lleva a sus hombres y mujeres al cielo, pero pondrá a otros, para que continúen donde aquellos se quedaron. Tú y yo moriremos, pero las asignaciones de Jesucristo no morirán.

Conclusión

El día de nuestra cita con la muerte, ya Dios lo tiene agendado. Pero esa esperanza de Dios en nuestra vida, es la que nos ayudará a enfrentar los temores que se asocian con la muerte.

07
La muerte de Moisés

Deuteronomio 34:5, RV1960

«Y murió allí Moisés siervo de Jehová, en la tierra
de Moab, conforme al dicho de Jehová»

Introducción

En Deuteronomio 32:48-52, Dios le dio instrucciones a Moisés de subir al «monte de Abarim, al monte Nebo» (Dt. 32:49), para que viera por última vez la tierra de Canaán (Dt. 32:49). Le ordenó morir en el monte (Dt. 32:50), le recordó su pecado en el desierto, cuando por su ligereza fue privado de la promesa terrenal (32:51); y le dijo: «Verás la tierra, mas no entrarás allá...» (Dt. 32:52).

En Deuteronomio 33:1-29, Moisés al estilo de Jacob el patriarca (Gn. 49:1-23), bendijo a las doce tribus de Israel. Este sería el último discurso del libertador Moisés. Se despidió de su gente bendiciéndolos.

1. La visión de Moisés

«Subió Moisés de los campos de Moab al monte Nebo, a la cumbre del Pisga, que está enfrente de Jericó; y le mostró Jehová toda la tierra de Galaad hasta Dan» (Dt. 34:1).

Quien esto escribe ha subido al monte Nebo, a la cumbre Pisga, muchas veces. Allí se levanta un asta con una culebra metálica enrollada en forma de cruz, que representa el asta con la serpiente levantada por Moisés en el desierto (Nm. 21:9); y que es tipo de Jesucristo (Jn. 3:14-15).

Deuteronomio 32:48, 49 lee: «Y habló Jehová a Moisés aquel mismo día, diciendo: Sube a este monte de Abarim, al monte Nebo, situado en la tierra de Moab que está frente a Jericó, y mira la tierra de Canaán, que yo doy por heredad a los hijos de Israel».

Deuteronomio 32:52 lee: «Verás, por tanto, delante de ti la tierra; mas no entrarás allá, a la tierra que doy a los hijos de Israel».

Todavía en días claros, antes de que comience la evaporación del mar Muerto, desde la plataforma del monte Nebo (nombre dado a uno de los dioses paganos de los moabitas), donde hay unas flechas indicativas que señalan Jericó, Bethel, Gilgal, Beerseba y Jerusalén, uno puede ver mucho de lo que vio Moisés. El milagro está en que le «… mostró Jehová toda la tierra de Galaad hasta Dan» (Dt. 34:1). Si usted mira el mapa de su Biblia verá que Dan y Galaad están al noroeste y noreste, ni con un telescopio se podría ver, pero Dios hizo un milagro final para Moisés. Otros lugares que vio Moisés fueron: Neftalí, Efraín, Manasés, la tierra de Judá, el mar Mediterráneo, el Neguev, Jericó, y Zoar (34:2-4). ¡Le dio visión telescópica! Dios le dio a Moisés una visión sobrenatural. Muchas cosas el hombre y la mujer de Dios no podrá verlas en el orden natural, sino en el orden sobrenatural.

En la vida a muchos de nosotros quizá Dios nos permitirá ver muchas cosas que no habremos de disfrutar. Pero como quiera que sea tenemos que estar agradecidos a Dios por lo que Él nos permita ver, y que puedan disfrutar nuestros hijos.

2. La muerte de Moisés

«Y murió allí Moisés siervo de Jehová, en la tierra de Moab, conforme al dicho de Jehová» (Dt. 34:5).

Como a todos los mortales, que han nacido y disfrutado la vida, la sentencia de muerte también se cumplió en Moisés. El compilador de Deuteronomio 34:11 que escribió sobre la muerte de Moisés posiblemente haya sido Josué.

«Y murió allí Moisés siervo de Jehová...». Aunque Moisés fue libertador, legislador, dirigente, profeta... murió como «siervo de Jehová». Nuestra oración debe ser: «Señor Jesucristo ayúdanos a morir como siervos tuyos». Esa palabra «siervo» implica aquí alguien que fue útil, que fue de provecho, en este caso a Dios.

Del único personaje en la Biblia que Dios anunció antes y después su muerte fue de Moisés, Él dijo: «Mi siervo Moisés ha muerto...» (Jos. 1:2). La muerte de Moisés movió el corazón divino de Dios; así como la muerte de Lázaro hizo llorar a nuestro Señor Jesucristo (Jn. 11:35). Dios siente la muerte de sus siervos, especialmente aquellos y aquellas que lo han honrado, que le han servido con todo el corazón, que han sido instrumentos para Dios al revelar su voluntad a otros.

Hoy se destacan demasiado los títulos: Apóstol X, Profeta W, Pastor M, Evangelista T, Maestro Q, Dr. Z, Obispo P y Superintendente S. Pero no se destaca el título Siervo C y Sierva D. El título más alto que hay en el reino es el de «Siervo» (*doulos* = esclavo, siervo, trabajador) ¡Pero «siervo» es el título menos deseado! Suena muy pequeño e insignificante para el orgullo humano. Este título parece que rebaja a muchos y los baja del pedestal del reconocimiento. ¡Emprendamos una campaña para ser reconocidos como siervos!

La noticia de la muerte de Moisés, aunque esperada por la revelación divina, no dejó de tener fuertes efectos sentimentales y emocionales. Durante cuarenta años aquel pueblo no había tenido a otro líder, ni a otro comandante en jefe. Sobre todo un líder espiritual que vivió en intimidad y comunión con Dios. Un hombre que dialogaba con Dios.

Allí en Moab, frente a Bet-peor, Dios enterró a Moisés y nunca se supo el lugar de su sepultura (Dt. 34:6). La razón de este enterramiento desconocido radica en el hecho de la epístola de Judas 9, donde leemos: «Pero cuando el arcángel Miguel contendía con el diablo, disputando con él por el cuerpo de Moisés, no se atrevió a proferir juicio de maldición contra él, sino que dijo: El Señor te reprenda».

El hecho de aparecer Moisés con Elías, junto a Jesús en el Monte de la Transfiguración, estando los tres con cuerpos glorificados, es una fuerte evidencia circunstancial de que Moisés fue resucitado y por eso estuvo con Jesús (Mt. 17:1-3). Apocalipsis 11 nos habla de dos misioneros que del cielo vendrán a la tierra previo a la gran tribulación apocalíptica: «… y tienen poder sobre las aguas para convertirlas en sangre, y para herir la tierra con toda plaga, cuantas veces quieran» (Apoc. 11:6). Esto nos recuerda a Moisés. Creemos que Moisés será uno de los dos testigos apocalípticos, el otro será Elías.

«Era Moisés de edad de ciento veinte años cuando murió; sus ojos nunca se oscurecieron, ni perdió su vigor» (Dt. 34:7).

Moisés murió con visión y lleno de vigor. Tenía ciento veinte años de edad, pero con una buena condición física. Este pasaje se añade para demostrar que Moisés no murió enfermo, no murió de vejez, no murió accidentalmente, sino que murió por voluntad de Dios. Nunca experimentó glaucoma, diabetes, alzhéimer, problemas del corazón, la providencia de Dios lo cuidó y guardó hasta que completó su ministerio aquí en la tierra. Con Moisés terminó la larga longevidad humana, que había comenzado con Adán que vivió 930 años.

«Y lloraron los hijos de Israel a Moisés en los campos de Moab treinta días; y así se cumplieron los días del lloro y del luto de Moisés» (Dt. 34:8).

A Moisés se le dio un luto nacional de un mes. El pueblo entero lo lloró. Un día muchas personas serán lloradas y recordadas por gente agradecida, bendecida, dirigida, enseñada, aconsejada, asesorada y marcada por el amor y la atención humana.

Todo lo que hagamos en esta tierra por otros, no será archivado en la gaveta del olvido. Alguien, un día, contará la historia de que tú y yo pasamos por esta tierra y marcamos la diferencia. Como dice el himno: «Trabajemos por el Maestro, desde el alba hasta el vislumbrar».

Matthew Henry dijo estas palabras: «Los siervos de Dios mueren por tres razones: para descansar de sus labores, para recibir su recompensa, y para dejar su lugar a otros» (Henry Matthew, *Comentario Bíblico*, Editorial CLIE 1999, pg. 208).

Aquel duelo de lloro y luto por Moisés duró exactamente treinta días; por más que amemos a nuestros seres queridos, por más falta que nos puedan hacer, por más que hayamos dependido de ellos, la vida debe continuar. El tren de la vida no se puede detener. ¡Nacen unos y mueren otros!

El duelo prolongado es dañino a la salud del alma y produce enfermedades emocionales. Así como aceptamos la vida, debemos resignarnos a la muerte. Hasta un mes podemos llorar a alguien, después de eso debemos recordar con alegría y agradecimiento las cosas buenas que hizo y dijo esa persona. Donde esa persona terminó les tocará a otros continuar. Esa es la montaña rusa de la vida.

En Eclesiástico 38:16-18, 20-23, libro apócrifo o deuterocanónico leemos: «Hijo mío, llora por el que muere, muestra tu dolor y cumple los ritos fúnebres. Sepúltalo de acuerdo con las costumbres, no te ausentes de sus funerales. Hijo, con amargo llanto y señales de duelo, hazle un funeral como le corresponde. Deja correr las lágrimas uno o dos días, y después consuélate de la pena. Porque la pena lleva a la muerte, y la tristeza desgasta las fuerzas.

No pienses más en él, aparta su recuerdo y piensa en el futuro. No sigas pensando en él, que ya no tiene nada que esperar; a él no le aprovecha, y a ti te hace daño. Piensa que tendrás igual destino que él: ayer él y hoy tú. Como descansa el muerto, que así descanse su recuerdo; y tú consuélate, toda vez que él ya ha muerto» (DHHDK).

3. El sucesor de Moisés

«Y Josué hijo de Nun fue lleno del espíritu de sabiduría porque Moisés había puesto sus manos sobre él; y los hijos de Israel le obedecieron, e hicieron como Jehová mandó a Moisés» (Dt. 34:9).

Josué Ben Nun fue confirmado con la llenura «del espíritu de sabiduría». ¡Eso era todo lo que él necesitaba, sabiduría! ¡Dones sin sabiduría producen abusos carismáticos, extremos en la ministración, fanatismo religioso! ¡Carácter sin sabiduría produce rechazo! ¡Autoridad sin sabiduría produce abuso de poder! ¡Educación sin sabiduría produce intelectualismo! ¡Dogmas sin sabiduría producen legalismo enfermo! ¡Prediquemos con sabiduría! ¡Enseñemos con sabiduría! ¡Dirijamos con sabiduría! ¡Enfrentemos los problemas y crisis de la vida con sabiduría! ¡Criemos los hijos con sabiduría! ¡Luchemos por la estabilidad matrimonial con sabiduría!

Salomón en oración le dijo a Dios: «Ahora pues, Jehová Dios mío, tú me has puesto a mí tu siervo por rey en lugar de David mi padre; y yo soy joven, y no sé como entrar ni salir» (1 R. 3:7). Luego añadió: «Da, pues, a tu siervo corazón entendido para juzgar a tu pueblo, y para discernir entre lo bueno y lo malo; porque ¿quién podrá gobernar este tu pueblo tan grande?» (1 R. 3:9). Salomón lo que estaba pidiendo era sabiduría.

En 1 Reyes 3:10-12 leemos: «Y agradó delante del Señor que Salomón pidiese esto. Y le dijo Dios: 'Porque has demandado esto, y no pediste para muchos días, ni pediste para ti riquezas, ni pediste la vida de tus enemigos, sino que demandaste para ti inteligencia para oír juicio, he aquí lo he hecho conforme a tus palabras; he aquí te he dado corazón sabio y entendido, tanto que no ha habido antes de ti otro como tú, ni después de ti se levantará otro como tú'».

Continuando con el relato de Deuteronomio leemos: «Porque Moisés había puesto sus manos sobre él...» (Dt. 34:9). Con la imposición de manos, Moisés confirmó la investidura del puesto sobre Josué como sucesor, pero además, espiritualmente le transfirió la unción para dicha posición, fue una unción de liderazgo.

«… y los hijos de Israel le obedecieron, e hicieron como Jehová mandó a Moisés» (Dt. 34:9). Josué sembró obediencia en Moisés, ahora Josué cosecharía obediencia en el pueblo. La ley de la siembra y la cosecha produce frutos buenos o frutos malos. En la vida de todo creyente hay dos estaciones; primero, la estación de siembra, y segundo, la estación de cosecha. ¡Siembra buenas semillas y en abundancia y cosecharás buenos frutos y en abundancia!

El obituario de Moisés leyó: «Y nunca más se levantó profeta en Israel como Moisés, a quien haya conocido Jehová cara a cara; nadie como él en todas las señales y prodigios que Jehová le envió a hacer en tierra de Egipto, a Faraón y a todos sus siervos y a toda su tierra, y en el gran poder y en los hechos grandiosos y terribles que Moisés hizo a la vista de todo Israel» (Dt. 34:10-12).

Moisés fue único, «y nunca más se levantó profeta en Israel como Moisés». Josué no sería otro Moisés, tenía que ser él con la ayuda y el favor de aquel que había llamado a antecesor. Donde termina Moisés, Dios comenzaría con Josué. El único que no cambia y permanece es Dios.

Aunque de Juan el Bautista dijo Jesús: «Entre los que nacen de mujer no se ha levantado otro mayor que Juan el Bautista» (Mt. 11:11). Juan no se puede comparar con Moisés dentro del contexto leído, aunque dentro del marco de su época sobresalió como profeta. La grandeza de su profetismo radicó en el hecho de que Juan el Bautista preparó el camino al Mesías Jesús. Después de Malaquías no se había levantando ningún otro profeta con las credenciales que poseyó Juan el Bautista. Su manifestación rompió el silencio profético del periodo inter-testamentario de cuatrocientos años.

Moisés fue conocido, «… a quien haya conocido Jehová cara a cara…». Aquí no se dice de Moisés conocer a Jehová, sino de Jehová conocer a Moisés. Esto implica que Dios le habló a Moisés «cara a cara». "... con quien el Señor tenía trato directo" (NVI).

Moisés fue sobrenatural, «… nadie como él en todas las señales y prodigios que Jehová le envió a hacer en tierra de Egipto…». Fue a Egipto equipado con los dones para actuar sobrenaturalmente en representación de Dios.

Moisés fue poderoso, «… y en el gran poder y en los hechos grandiosos y terribles que Moisés hizo a la vista de todo Israel». Ante una nación el ministerio de Moisés fue confirmado con hechos y poder de parte de Dios.

Conclusión

¿Qué dirá nuestro obituario? ¿Qué palabras se podrán leer en nuestro epitafio o lápida? ¿De qué manera seremos recordados por aquellos que nos han conocido? ¿En qué manera pensamos que nuestra vida ha influenciado en otras vidas? ¿Qué opina Jesucristo del servicio que como creyentes le hemos dado a Él?

08
La muerte de Josué

Josué 24:29, RV1960

«Después de estas cosas murió Josué hijo de Nun,
siervo de Jehová siendo de ciento diez años»

Introducción

Josué terminó su vida, como la había comenzado, siendo un siervo, primero de Moisés (Jos. 1:1); y ahora graduado como «siervo de Jehová» (Jos. 24:29). Josué en toda su vida de líder fue un freno moral, una emergencia de mano de valores, que junto con su cuerpo directivo de ancianos, ayudaron al pueblo a perseverar, y a servirle a Dios (Jos. 24:31). Él empezó bien y terminó bien. Lo más importante en la vida cristiana es como terminaremos.

1. La muerte de Josué

«Después de estas cosas murió Josué hijo de Nun...» (Jos. 24:29).

A todo conquistador, hombre y mujer de batallas, les llegará la hora cuando el sol de la vida se ponga sobre su horizonte. Un día como águilas de Dios, muchos conquistadores emprenderemos el último vuelo de nuestra vida, moriremos como águilas mirando al «Sol de Justicia».

Los conquistadores, conquistan para no ser conquistados, pero la muerte los habrá de conquistar, aunque no para siempre, y como el apóstol de Tarso diremos: «¿Dónde está oh muerte, tu aguijón? ¿Dónde, oh sepulcro, tu victoria?» (1 Cor. 15:55).

Con la resurrección de los creyentes, la muerte será conquistada: «He aquí, os digo un misterio, no todos dormiremos pero todos seremos trasformados, en un momento, en un abrir y cerrar de ojos, a la trompeta final, porque se tocará la trompeta, y los muertos serán resucitados incorruptibles, y nosotros seremos transformados» (1 Cor. 15:51-52).

El psicólogo Erich Fromm en su libro «*El arte de amar*», declaró lo siguiente sobre la muerte de una persona: «... la conciencia de su breve lapso de vida, del hecho que nace sin que intervenga su voluntad y ha de morir contra su voluntad, de que morirá antes que los que ama, o estos antes que él...» (Editorial Paidós, Argentina, página 19).

Josué, el conquistador, se tuvo que enfrentar a la última batalla, el encuentro con la muerte, y esta con su guadaña y su certera puntería pudo más que él. Pero la enfrentó con dignidad, con valor humano, aceptándola.

La muerte no es para hacer de ella simplemente un problema personal, un melodrama, una figura de humor, un tema de película de suspense, pero debemos pensar seriamente sobre ella. La vida al servicio de Dios, se debe vivir al máximo y de tal manera que cuando la canoa de la muerte venga a recogernos, no tengamos que quejarnos de no haber hecho nada por Dios y de no haber dado todo a Dios.

«... murió Josué hijo de Nun...». Si algún apellido tomó Josué era «hijo de Nun» (como en inglés: Jackson, Johnson, Jefferson o en español Fernández, Hernández, González... significan «hijo de»).

La vida completa de Josué fue marcada por la relación hijo-padre. Es decir, Josué Ben Nun (hebreo) o Josué Bar Nun (arameo). Josué fue uno que supo honrar y poner en alto el nombre de su padre. Hasta la muerte honró a su padre, aunque ya el mismo había fallecido.

Interesante es que cuando era niño se decía de mí: «Es el hijo de Don Lolo». Pero ahora que soy adulto se dice de mí Don Lolo: «Es el papá de Kittim». En un tiempo era nuestro padre el que nos daba identidad, pero en otro tiempo nosotros le daremos identidad a nuestro padre. En la cultura hebrea ambos, padre e hijo se daban identidad. Cristo nos da identidad a nosotros.

Conquistadores vivamos de tal manera que hasta el día de la muerte, podamos honrar a nuestros padres. Que nuestra vida sea toda un reconocimiento en «honor a...» o en «memoria a...». Los «padres espirituales», aquellos que nos hablaron de Dios y que de alguna manera nos encaminaron por los caminos de Él, se tienen que honrar. Y aún más aquellos «padres espirituales» que nos criaron durante nuestra infancia y adolescencia como creyentes, deben ser siempre honrados por nosotros.

Pensemos en esa frase: **«murió Josué».** Él completó el círculo de la vida, pero murió realizado y satisfecho en Dios. Murió como todo un conquistador con dignidad de ser humano, como guerrero de cientos de batallas, que perdió su batalla final ante el enemigo del tiempo y de la edad. La tierra perdió un gran guerrero, pero el cielo ganó un gran siervo.

Una vez alguien me regaló un pensamiento, tomado prestado de algún lugar: «Cuando tú naciste, tú llorabas y todos reían; vive la vida de tal manera que cuando mueras, todos lloren y tú rías».

2. El servicio de Josué

«...siervo de Jehová, siendo de ciento diez años» (Jos. 24:29). "... En el momento de su muerte, este servidor de Dios tenía ciento diez años" (TLA).

En Josué 1:1 leemos: «Aconteció después de la muerte de Moisés, siervo de Jehová, que Jehová habló a Josué hijo de Nun, siervo de Moisés...». Ahora, Josué, que comenzó como «siervo de Moisés», se ha graduado Magna Cum Laude con el título: «Siervo de Jehová». Hoy día los títulos religiosos están de moda, los apóstoles, profetas, obispos, doctores... pululan por doquier. Se crean los títulos como representación social, los títulos hacen a muchas personas, pero deben ser las personas las que hagan los títulos.

Un título de abogado no hace un abogado, un abogado hace un título de abogado. Tenemos muchos apóstoles sin apostolado; profetas sin profecías de Dios; doctores sin doctorados; obispos sin obispados; pastores sin pastoral. Los títulos son una enfermedad en muchos círculos ministeriales.

Recuerdo una anécdota que escuché en México de mi amigo el Superintendente General el Pbro. Daniel de los Reyes: «Se cuenta de un joven licenciado del Colegio de Abogados, que al regresar a su pueblo para ejercer derecho se encontraba todos los días con un anciano que era solicitado por muchos cuando tenían algún pleito o necesitaban algún árbitro en sus disputas, para lo cual el anciano se manejaba muy bien.

Un día ya cansado de que el anciano le quitara los clientes, el joven al pasar cerca de él exclamó:

–He ahí un abogado sin título.
El anciano mirándolo fríamente le contestó:
–He ahí un título sin abogado».

En la vida muchos se creen ser algo cuando en realidad no son nada, solo son «títulos». A otros los títulos les quedan muy grandes. Tienen una adicción a los títulos.

De Josué solo leemos: «servidor de Moisés» y al final de sus días «siervo de Jehová». Hay quienes sirven más a sus líderes que a Dios, tenemos que servir a los primeros, pero servir más a Dios. Por ser siervos de Dios, servimos a nuestras autoridades espirituales. El servicio es algo que hacemos por otros.

El ministerio nunca debe ser considerado como un trabajo para ser remunerado, sino como una oportunidad de servir a Dios y servir a otros, que pueden ser bendecidos y remunerados. Muchos que son ociosos y vagos, se refugian en el ministerio para vivir con engaños y mentiras de las ofrendas de los demás. El ministerio es para servir y no para servirnos del él.

3. El resultado de Josué

«Y sirvió Israel a Jehová todo el tiempo de Josué, y todo el tiempo de los ancianos que sobrevivieron a Josué y que sabían todas las obras que Jehová había hecho por Israel» (Jos. 24:31).

Nuestra misión como conquistadores es enseñarle a otros a servir a Dios. La generación de Josué y la generación de sus líderes fueron responsables en promover el servicio a Dios por parte del pueblo.

El relato de Josué 24:28-31 se repite en Josué 2:6-10. La generación que sobrevivió a Josué, fue testigo del poder y de la presencia de Dios, «...y que sabían todas las obras que Jehová había hecho por Israel» (Jos. 24:31 cf. Jos. 2:27).

Cada generación necesita buscar y tener su propia experiencia de Dios. La experiencia de otros con Dios los beneficia a ellos y nos enseña a nosotros porque debemos servir a Dios, pero no nos cambia.

«Y toda aquella generación también fue reunida a sus padres y se levantó después de ellos otra generación que no conoció a Jehová, ni la obra que Él había hecho por Israel» (Jue. 2:12).

Al fallecer la generación de ancianos que conoció a Josué, se levantó luego «otra generación que no conoció a Jehová». Esta generación no buscó su experiencia con Dios. Tenían religión pero no relación con Dios.

¿Qué generación se levantará después de la generación de nuestros líderes? ¿Qué clase de generación será la de nuestros nietos? ¿Qué ocurrirá a la tercera generación que seguirá a muchos ministerios? ¿Qué podemos hacer para no perder a esa tercera generación? ¿Cómo será la congregación a la cual asistimos en los próximos veinte, treinta, cuarenta o cincuenta años?

La generación que siguió a la de Moisés, fue buena, fue la generación de Josué y Caleb y otros, después de Josué siguió una generación ignorante de Dios y de su obra. ¿Cómo le faltó a la generación anterior? ¿En qué se descuidó? ¿Qué no hizo que debió haber hecho?

En Jueces 2:11 leemos el resultado: «Después los hijos de Israel hicieron lo malo ante los ojos de Jehová, y sirvieron a los baales». Luego leemos la frase: «Dejaron a Jehová...» (Jue. 2:12, 13). Dios también los dejó a ellos (Jue. 2:14-23). Para luego en su misericordia levantar a los jueces (Jue. 2:18).

Es triste pensar que la visión de muchos ministerios se perderá en la segunda, tercera o cuarta generación. El grave error de Josué fue de no preparar un sucesor. Dejó todo en las manos de una junta, pero aún una junta necesita de un líder.

Otros levantan ministerios pero lo hacen más como empresas familiares, que como obra de Dios, todo se queda en familia, protegen más los intereses personales que los intereses del reino. Levantan proyectos con el dinero de un pueblo para ellos, sus hijos y sus nietos. Es innegable que Dios levanta a hijos e hijas como sucesores al ministerio, pero debe ser Dios y no uno.

Hay mucha diferencia entre levantar la visión del reino de Dios, y la visión de levantar nuestro propio reino. La de hacernos pirámides personales, pabellones egoístas y museos carnales.

La falta de liderazgo espiritual, de autoridad espiritual, lleva a la rebelión, al extravío y al abandono de la fe. Posiciones sin autoridad espiritual son simplemente trabajos ministeriales. Para el sacerdocio se necesita unción, para ser rey se necesitaba unción y para ser profeta se necesitaba unción. Aunque simbólica, detrás de esa ceremonia ritualista, se escondía una certificación divina.

Conquistadores, aunque sea privadamente, ya vayan pensando en preparar y discipular a algún seguidor. ¡No dejen todo al garete, sin gobierno! ¡Sean claros en señalar su preferencia por algún sucesor; si lo tienen ya, vayan exponiéndolo; si no lo tienen empiecen a buscarlo! No tengan temor de que la unción del Espíritu Santo sobre ustedes sea eclipsada porque alguien a su lado les hará sombra.

Conclusión

El conquistador debe enfrentarse a la muerte como lo que es, un conquistador. El conquistador sirve a su líder para aprender como servir a Dios. El conquistador preparará a otros para que preparen a su generación y, según él o ella fueron discipulados, discipularán a otros para substituirles.

09
La muerte de Sansón

Jueces 16:28, RV1960

«Entonces Sansón clamó a Jehová, y dijo: 'Señor Jehová, acuérdate ahora de mí y fortaléceme, te ruego, solamente esta vez, oh Dios, para que de una vez tome venganza de los filisteos por mis dos ojos'»

Introducción

Jueces 16:28-31 nos presenta a Sansón orando a Jehová (Jue.16:28); actuando con una fe sobrenatural (Jue.16:19), ofreciendo su vida heroicamente para acabar con los filisteos allí presentes (Jue.16:30); y finalmente vemos su cadáver recogido por sus hermanos para sepultarlo junto a su padre Manoa «entre Zora y Estaol» (Jue.16:31), en el mismo lugar donde comenzó su ministerio de poder (Jue.13:25).

1. La oración de Sansón

«Entonces clamó Sansón a Jehová, y dijo: Señor Jehová, acuérdate ahora de mí y fortaléceme, te ruego, solamente esta vez, oh Dios, para que de una vez tome venganza de los filisteos por mis dos ojos» (Jue. 16:28).

Aquí vemos a Sansón orando. Su caída y las pruebas le habían enseñado que la oración era importante en su vida. Sansón se había vaciado de sí mismo y se había llenado más de Dios. En esta etapa de su vida había aprendido que lo que se habla con Dios determina lo que Dios hace con uno.

Su autosuficiencia humana, que Dios por Su misericordia le respaldó con Su poder, se le esfumó, ahora es un hombre que ha aprendido a depender totalmente de Dios. Por eso leemos: «Entonces clamó Sansón a Jehová...».

«... **Señor Jehová acuérdate ahora de mí...**». El ladrón arrepentido en el Calvario, crucificado cerca del Señor Jesucristo, le oró a este diciendo: «Acuérdate de mí cuando vengas en tu reino» (Lc. 23:42).

Sansón por haber jugado con el don de Dios en su vida, hecho prisionero de los filisteos, sintiendo el abuso estos, se sintió olvidado por Dios. En su oración le llamó «Señor Jehová», haciendo teología con nombre y título, reconociendo la grandeza y el poder del mismo.

«... **acuérdate ahora de mí...**». Allí, donde se burlaban de él y lo obligaban a bailar con la casa llena de filisteos, con miles de espectadores, él quería que Dios estuviera con él. En esos momentos difíciles de la vida pidámosle a Dios que se acuerde de nosotros, que nos ayude cuando estemos indefensos, que nos defienda cuando se ríen burlonamente de nosotros.

«...**Y fortaléceme...**». Le pidió a Dios por fuerza, por poder, por unción del Espíritu Santo. Quería volver a ser lo que había sido antes. Reconoció que él no era la fuente de poder, Dios era su fuente de poder. La fuente de su fuerza no era suya, esta venía del cielo, de arriba, de Dios.

«... **Te ruego solamente esta vez...**». Solo quería ser usado por Dios una vez más. Deja que Dios te use todas las veces que Él quiera. Hazte disponible para ser su instrumento siempre, cada día, todos los meses, todos los años. ¡Úsame Señor! Esa debe ser nuestra oración. Si Sansón le hubiera pedido a Dios más de una vez, este se lo hubiera concedido, pero limitó su propósito a solo una vez. Su oración ponía límites a Dios, ora sin límites, pídele a Dios más de lo que puedas necesitar.

«... **Oh Dios, para que tome venganza de los filisteos por mis dos ojos**». Es una oración típica del judío en el Antiguo Testamento. Oro por venganza. La gracia nos enseña a orar sin venganza en nuestros corazones. Lo más que Sansón sintió en su vida fue que los filisteos lo dejaron ciego. Como humano se lo quería cobrar, pero Dios muchas veces utiliza incluso nuestra imprudencia, nuestra insensatez, nuestra falta de cordura, y si algo hemos dicho u orado al revés, Él lo puede escuchar al derecho. No es tanto lo que dijo Sansón, sino lo que el Dios de Sansón haría por él.

2. La acción de Sansón

«Asió luego Sansón las dos columnas de en medio sobre las que descansaba la casa, y echó todo su peso sobre ellas, su mano derecha sobre una y su mano izquierda sobre la otra» (Jue. 16:29).

Bien dijo el escritor Santiago: «Así también la fe, si no tiene obras, es muerta en sí misma» (Stg. 2:17). Sansón le puso pies y manos a la fe, oro y accionó: «Asió luego Sansón las dos columnas de en medio, sobre las que descansaba la casa...». Tal parece que el «martillo hebreo» se abrazó a las dos columnas que estaban en el centro de la casa o templo.

En la vida cristiana son muchas las cosas que tenemos que aguantar. Las pruebas son como aquellas columnas, que en ocasiones las tenemos que abrazar, pero más podremos nosotros con la ayuda de Dios, que ellas contra nosotros. Busquemos el centro del problema, «de en medio». En aquel centro, donde estaban aquellas columnas la construcción se mantenía o se destruía. Sansón sabía que allí estaba su victoria.

«... y echó todo su peso sobre ellas, su mano derecha sobre una y su mano izquierda sobre la otra». Con una columna abrazada con su mano izquierda y la otra columna abrazada con su mano derecha, Sansón dejó caer su peso.

Aquel arquitecto que determinó la distancia de aquellas columnas nunca se imaginó que la distancia que dibujó en aquellos planos, era la distancia exacta de la extensión de los brazos de Sansón. Fueron construidas para él. Muchas cosas se han construido para nosotros, los hijos de Dios y servidores de Jesucristo.

En la primera de Pedro 5:7 leemos: «Echando toda vuestra ansiedad sobre él, porque él tiene cuidado de vosotros». Echemos el peso de la ansiedad, los problemas que esperamos sobre el Señor Jesucristo, y Él cuidará de nosotros. Muchos llevan cargas innecesarias que deben soltar en las manos del Señor Jesucristo. Esa mochila de pruebas, de fracasos, de luchas, de sufrimientos, de intranquilidades... debe ser soltada a los pies del Calvario. ¡Suelta ya lo que te está pesando!

Aprendamos a descargar en Dios todas nuestras preocupaciones, nuestros temores, el enfrentar lo desconocido, el aceptar los fracasos, el enfrentar las adversidades.

Así como Sansón apoyó y extendió sus manos sobre las columnas del templo filisteo, Jesús de Nazaret extendió sus brazos clavados sobre el travesaño de la cruz, pero echar abajo el imperio de la muerte y de los reinos de este mundo.

3. El clamor de Sansón

«Y dijo Sansón: Muera yo con los filisteos. Entonces se inclinó con toda su fuerza, y cayó la casa sobre los principales, y sobre todo el pueblo que estaba en ella. Y los que mató al morir fueron muchos más que los que había matado durante su vida» (Jue. 16:30).

«... muera yo con los filisteos...». Deseó la muerte para derrotar a sus enemigos. Esto no fue suicidio, fue un acto heroico de un guerrero, de un hombre de fe, de un creyente que entendió finalmente cual era su propósito y su destino. Aun tarde en su vida cumplió con la voluntad de Dios.

«Entonces se inclinó con toda su fuerza, y cayó la casa sobre los principales, y sobre todo el pueblo que estaba en ella...». Dios escuchó el clamor de Sansón. Esto implica que esa «fuerza» que se manifestó en él, era la «fuerza» del Espíritu Santo.

Aquel templo se desplomó, su techo cedió, tres mil hombres y mujeres se precipitaron desde el segundo piso, otros que estaban en el primer piso fueron mortalmente alcanzados, los cinco príncipes de la pentápolis filistea, murieron también. Si Sansón en su vida mató a muchos, en su muerte superó todos sus números: «Y los que mató al morir fueron muchos más que los que había matado durante su vida».

Sansón murió con las botas puestas, murió como todo un héroe, murió dándole el golpe más fuerte a sus enemigos. En su rostro tuvo que haber una sonrisa de satisfacción. ¡Terminó bien su ministerio, aunque muchas veces le falló a Dios! Concluyó como había comenzado, lleno del Espíritu Santo. El «nazareo» de Dios se graduó con honores en la Universidad en Teología. Recibió su diploma de la vida eterna. ¡Sansón, aunque te colgaste varias veces en tu vida, te graduaste con excelencia!

«Y descendieron sus hermanos y toda la casa de su padre, y le tomaron, y le llevaron, y le sepultaron entre Zora y Estaol, en el sepulcro de su padre Manoa. Y él juzgó a Israel veinte años» (Jue. 16:31).

El solitario tenía hermanos. ¿Dónde estaban los hermanos de Sansón? Muchos miembros de la familia solo aparecerán en el funeral, cuando ya no se les podrá ver, ni escuchar, ni abrazar. Y estos le dieron sepultura en la tierra que le vio nacer (Jue. 13:2; 13:25; cf. 16:31), sus restos descansaron en el sepulcro de su padre Manoa. Se le enterró con dignidad.

Aunque Sansón fue un desobediente, fue un carnal, tomaba decisiones sin importarle las consecuencias; tenía una familia que lo quería y que sintió su muerte. En el momento del funeral la familia olvida las diferencias y se une en el dolor emocional que produce la muerte.

Lo último que leemos de Sansón en su vida de subidas y bajadas es: «... y él juzgó a Israel veinte años» (Jue. 16:31). En Jueces 15:20 se nos dice: «... y juzgó a Israel en los días de los filisteos veinte años». Con sus fragilidades y fortalezas logró juzgar por dos décadas a Israel, pudo haber juzgado más tiempo si no hubiera cometido tantos errores. ¡Pero fue juez!

En el mural de los héroes de la fe del libro de Hebreos 11, se mencionan a muchos héroes, ¿pero sabías tú, que allí está la nomenclatura de Sansón?: «¿Qué más voy a decir? Me faltaría tiempo para hablar de Gedeón, Barac, **Sansón**, Jefté, David, Samuel y los profetas, los cuales por la fe conquistaron reinos, hicieron justicia y alcanzaron lo prometido; cerraron bocas de leones, apagaron la furia de las llamas y escaparon del filo de la espada; sacaron fuerzas de flaqueza; se mostraron valientes en la guerra y pusieron en fuga a ejércitos extranjeros» (Heb. 11:32-34, NVI).

Y la gran sorpresa es que en ese listado no se menciona a Débora, pero sí a Barac. Y eso es sobreentendido por ser ella mujer. Pero Salomón es excluido del listado. Y Sansón con todas sus faltas y fallos, sí ha sido incluido.

Jesús de Nazaret, también en el Calvario, con su muerte echó abajo el techo de los principados y potestades. Todo le fue doblegado al gobernador de este mundo. Los principados y potestades fueron vencidos para siempre. Hoy la Iglesia de Jesucristo disfruta de esa gran victoria de los siglos.

Conclusión

Orar debe ser un recurso que nunca se debe olvidar en la vida de un creyente y mayormente cuando estamos en afrenta y en pruebas. Tenemos que aprender a echar todo nuestro peso y ansiedad sobre Aquel, Jesucristo, que puede sostener todo por nosotros. Terminar en victoria es la mayor meta para cualquiera que haya sido llamado por Dios.

10
La muerte de Saúl

1 Samuel 31:4, RV1960

«Entonces dijo Saúl a su escudero: Saca tu espada, y traspásame con ella, para que no vengan estos incircuncisos y me traspasen, y me escarnezcan. Mas su escudero no quería, porque tenía gran temor»

Introducción

El ejército de Israel se había trasladado a las inmediaciones del monte Gilboa para contraatacar la avanzada filistea, pero todo fue desfavorable para Israel (1 Sam. 31:1). Los tres hijos de Saúl fueron muertos y Saúl herido por los flecheros (1 Sam. 31:2, 3).

Al verse perdido, Saúl le pidió a su escudero que le diera muerte, el escudero siguió su ejemplo, quitándose él también la vida (1 Sam. 31:4,5). Un escudero se comprometía con su señor para la vida y para la muerte.

Los israelitas se dieron en retirada y abandonaron las ciudades (1 Sam. 31:6). Al otro día los filisteos al encontrar muertos a Saúl y a sus hijos los decapitaron y sus cuerpos fueron colgados en el muro de Bet-sán; sus armas fueron puestas en el templo de Astarot (1 Sam. 31:7-10).

En la noche los valientes de Jabes de Galaad tomaron los cuerpos y los quemaron, para luego sepultar sus huesos en Jabes y guardar luto en ayunas por siete días (1 Sam. 31:11-13).

1. La derrota de Saúl

«Los filisteos, pues, pelearon contra Israel, y los de Israel huyeron delante de los filisteos, y cayeron muertos en el monte de Gilboa» (1 Sam. 31:1).

Esta fue una derrota aplastadora para Saúl y todo su ejército. El ejército de Israel huyó ante la agresiva y fiera ofensiva filistea. Este relato es una continuación al capítulo 28:3-5. Allí Saúl manifestó las emociones de miedo y turbación (1 Sam. 28:5). Ese miedo lo acompañó a la batalla y de alguna manera se lo trasmitió a sus hombres.

Las emociones negativas de un líder se trasmiten a los subalternos; las de una persona se transmiten a otra persona. Lo que tú sientes negativamente, lo que hablas negativamente, si no lo canalizas bien, la otra persona se verá afectada por esta transferencia negativa. Si uno no rechaza el negativismo que otros expresan y transfieren, nos veremos experimentando lo mismo. Antes de que Saúl y el ejército de Israel se enfrentaran al enemigo filisteo, ya estaban derrotados emocionalmente.

La derrota o la victoria comienzan primero en la mente de la persona. En tu mente ganas o pierdes las batallas iniciales. Lo que piensas te da la victoria o te da la derrota. Dijo Sigmund Freud: «Quien piensa en fracasar, ya fracasó antes de intentarlo. Quien piensa en ganar, ya lleva un paso hacia adelante».

Lo que se predica se actualiza. Predica contiendas y habrá contiendas. Predica falta de amor y habrá falta de amor. Predica separatismo y habrá disensiones y divisiones. Predica prosperidad y habrá prosperidad. Predica sanidad y habrá sanidades. Predica fe y habrá un pueblo lleno de fe. Predica poder y tendrás a una congregación poderosa. Predica salvación y habrá salvaciones. Predica bautismos con el Espíritu Santo y habrá creyentes bautizados con el Espíritu Santo y hablando en otras lenguas. Predica sobre evangelismo y tendrás creyentes con la pasión de evangelizar. Predica sobre misiones y tendrás misiones en tu congregación. El énfasis de nuestras predicaciones determinará la clase de congregación que tenemos y la dirección visionaria que esta tomara.

Por otro lado lo que declaramos bueno o malo también se cumple. Hable negativamente y tendrá a su alrededor un coro de gente negativa. Critique todo y tendrá haciéndole eco a un grupo de criticones. Hable de miedo, confiese derrota, declare desanimo… y tendrá un rosario humano de personas que dirán lo mismo. Con nuestras palabras motivamos o desanimamos, inspiramos o desalentamos.

Mediante el empleo de las palabras somos transmisores de emociones y sentimientos. Cada palabra que decimos lleva algo de nosotros, afecta positivamente o negativamente a aquellos que son nuestros receptores.

En esa batalla, Saúl fue testigo de cómo sus hijos Jonatán, Abinadab y Malquisúa fueron muertos por los filisteos, y el mismo fue herido de flecha por ellos (1 Sam. 31:2). Una vez más el estado emocional de Saúl estuvo muy bajo, «… y tuvo gran temor de ellos» (1 Sam. 31:3). Muchos creyentes siempre están en baja emocionalmente y espiritualmente, es tiempo ya de estar en alta emocionalmente y espiritualmente con el Señor Jesucristo.

El temor derrotó a Saúl mucho antes que los filisteos lo hicieran. Saúl estaba llegando a la resta final de su vida. Nuestro peor enemigo es el yo lleno de miedo que se esconde dentro de nosotros. El peor enemigo de Saúl no fueron los filisteos, sino que fue el mismo Saúl. La persona que más daño o que más puede beneficiar a uno, es uno mismo. Nuestro yo puede ser nuestro peor enemigo o puede ser nuestro mejor aliado. Todo depende de la actitud mental que podamos asumir.

Al verse Saúl herido a merced de sus enemigos, deseó morir como rey lleno de dignidad humana. Ante una adversidad irreversible, Saúl aceptó su infortunio, con valor humano le pidió a su escudero que lo traspasara con su espada. Le dio una orden ejecutiva, de rey a siervo, de autoridad a subalterno (1 Sam. 31:4). El escudero no quiso, «… porque tenía gran temor» (1 Sam. 31:4). El temor del escudero era quitarle la vida al ungido de Jehová, al rey de Israel.

Cuando una orden ejecutiva va contra los principios morales que hemos aprendido y practicamos, debemos desobedecer la misma. Hay peticiones que no pueden ser contestadas, ni se puede complacer a muchas personas. Muchos en el lecho de muerte piden cosas que no se pueden cumplir, son absurdas, sin sentido y hasta egoístas. No le prometa a ningún enfermo terminal o moribundo algo que usted no podrá cumplir.

Aun en una circunstancia como esta, frente a un destino ineludible, con la puerta de la muerte abriéndose de par en par delante de ellos, el escudero de Saúl no quiso ser responsable de su sangre. Un escudero no cumplirá con aquellas órdenes que tengan que ver con el final de alguien que ha sido su autoridad espiritual.

Ante la negativa de su escudero Saúl se arrojó sobre su propia espada, prefirió morir por su propia mano, antes de ser escarnecido y abusado por aquellos incircuncisos filisteos (1 Sam. 31:4). La muerte de Saúl más que un suicidio patológico, debe verse como un acto heroico de un rey-líder, que herido y sin oportunidad de escapar no quiso darles el gusto a sus adversarios de terminar con su vida, de que pudieran jugar con él y torturarlo. Su escudero al verlo muerto se dio cuenta que su misión había terminado y que él tampoco tendría escapatoria, optó por hacer lo mismo, muriendo al lado de su rey.

Flavio Josefo le suma un detalle a la muerte de Saúl: «Pero, al rehusar el escudero, Saúl puso su propia espada contra sí mismo y se tiró sobre ella. Como no podía lograr que penetrara, le pidió a un joven amalecita que la empujara. Este lo hizo así, y después de tomar la corona real de la cabeza de Saúl y el brazalete de oro de su brazo, huyó. Cuando el escudero vio que Saúl estaba muerto se mató él mismo» (Paul L. Maier, Editorial Portavoz, p. 118).

Por otra parte, aquellos que ven en este acto de Saúl, una justificación para el suicidio, conviene decirles que el suicidio es la manera más cobarde y egoísta que tiene un ser humano para escapar de sus problemas; una persona suicida no es capaz de enfrentar los vientos contrarios de la vida, las lluvias de adversidades, y que ante el flagelo de las pruebas se rinde.

Aunque las pruebas de la vida sean grandes, la enfermedad sea terminal, la depresión te atormente, la estima te llegue a su punto más bajo, sientas que ya no vale la pena vivir... no tomes tu vida por tus propias manos. Deja que sea Dios quien decida cuándo será el día de tu muerte. Vive tu vida al máximo hasta el día de la muerte. No adelantes ese día, que tarde o temprano habrá de llegar. La vida es para disfrutarla, gozarla, y sobre todo invertirla en el servicio de Dios.

Con toda propiedad se puede afirmar que la estadística más segura, más irrefutable, es que uno de cada uno, todos, tendremos que morir. Esa es la verdad de la muerte. Dice el libro de Hebreos: «Está establecido a los hombres que mueran una sola vez...» (Heb. 9:27). La muerte no es para hacer de ella un problema emocional, ni para enfermarse psicológicamente, la muerte es el cierre del ciclo de la vida. Desde que nacemos estamos envejeciendo.

El verdadero escudero es aquel o aquella que hasta el final peleará al lado de su líder. Prefiere morir al lado suyo antes que desertar y vivir. El ministerio del escudero es luchar defendiendo a su líder hasta que este ya no pueda continuar más. Trabaja al lado de tu pastor, lucha al lado de tu líder, no lo dejes cuando esté en el campo de la batalla a merced de las flechas filisteas. Saúl murió con sus hijos y con su escudero, «y todos sus varones» (1 Sam. 31:6).

Los de Israel del lado del valle y del lado del Jordán, al ver al ejército que huyó, y a Saúl y sus hijos muertos, huyeron también y los filisteos tomaron sus ciudades (1 Sam. 31:7). El enemigo lo que quiere es tomar las ciudades, por eso necesitamos guerreros espirituales que no le teman a los demonios.

2. La profanación a Saúl

«Y le cortaron la cabeza, y le despojaron de las armas; y enviaron mensajeros por toda la tierra de los filisteos, para que llevaran las buenas nuevas al templo de sus ídolos y al pueblo» (1 Sam. 31:9).

En el monte Gilboa, al otro día, los filisteos tuvieron la sorpresa de ver tendidos en tierra los cuerpos de Saúl y sus hijos (1 Sam. 31:8). A pesar de todo, Saúl fue un buen padre, hasta el último final de su vida, sus hijos estaban a su lado, luchando a favor de su visión y siendo parte de sus propósitos. Los hijos de Saúl fueron fieles a un padre impío, que se había salido de la voluntad divina. Hijos como los de Saúl se necesitan con urgencia en nuestros días. Hijos que hasta el final estén al lado de sus padres, en las buenas y en las malas, cuando este tenga como cuando a este le falte.

Saúl fue un ejemplo de cabeza familiar. Sus hijos lo obedecían y lo seguían. Es una contradicción de la vida cuando vemos a padres inconversos que tienen buenos hijos; y por el otro lado padres creyentes que tienen hijos malagradecidos, que no son capaces de hacer nada por sus padres.

Hijo que me escuchas, honra a tus padres y verás una promesa de vida para muchos años. Sé la corona de gloria para tus padres. Hoy eres hijo, mañana serás padre o madre. Lo que le haces a tus padres, no te gustará que tus hijos te lo hagan a ti. Cada día que vivimos estamos envejeciendo, desde que uno nace comienza el proceso del envejecimiento. Lo que tú eres, lo fue tu padre y tu madre, lo que ellos son lo serás tú.

«Y le cortaron la cabeza...» (1 Sam. 31:8; cf. 1 Cr. 10:9). Solo a Saúl le cortaron la cabeza, era una antigua costumbre filistea, hebrea y de muchos pueblos del pasado (1 Sam. 17:50). Las armas de Saúl las pusieron «en el templo de Astarot» (1 Sam. 31:10); como ofrenda a su dios filisteo. Las victorias se atribuían a los dioses.

La cabeza de Saúl la pusieron «en el templo de Dagón» (1 Cr. 10:10). Hoy día se pone la fotografía de la persona ajusticiada o arrestada o que ha hecho algún mal en la plana principal del periódico. Antes se cortaba y se llevaba la cabeza del ajusticiado. Al héroe nacional mexicano Pancho Villa, y bandido para los norteamericanos, se le cortó la cabeza. Al Presidente ajusticiado Rafael Leónidas, de la República Dominicana, se le cortó también la cabeza.

Los cuerpos de Saúl y de sus hijos fueron colgados en el muro de Bet-sán, que para la época romana fue la Escitópolis, ciudad de la Decápolis al igual que Hipos en territorio de Israel; la otra ciudad era Damasco en Siria; y el resto de las ciudades estaban ubicadas al otro lado del Jordán, la Transjordania, hoy Jordania. Varias veces he visitado las ciudades de la Decápolis en Jordania como la antiguamente Gerasa y actualmente Jerash, Filadelfia ahora Amán, Gadara, y en Israel o Bet-sán del Antiguo Testamento y presente, y Escitópolis en el Nuevo Testamento.

La cabeza es figura de autoridad, de mando humano, a muchos el enemigo les quiere cortar la cabeza; los quiere sacar de una posición de autoridad espiritual. No dejes que el enemigo interrumpa el propósito divino para tu vida. Cumple el plan para el cual Jesucristo te ha llamado, te ha formado y te ha enviado.

«…y enviaron mensajeros por toda la tierra de los filisteos, para que llevaran las buenas nuevas al templo de sus ídolos y al pueblo» (1 Sam. 31:9; cf. 1 Cr. 10:9). La noticia de la muerte de Saúl y de sus hijos se envió por correo expreso. Esa muerte la disfrutaron los filisteos. El mundo quiere recibir las noticias de ver caídos y destruidos a los ungidos de Jehová. Los hombres y mujeres de Dios son armas de guerra. Eliseo dijo de Elías al este ascender al cielo: «¡Padre mío, padre mío, carro de Israel y su gente de a caballo!» (2 R. 2:12). Las mismas palabras le dijo el rey Joas a Eliseo (2 R. 13:14).

Hoy día, es triste ver como muchos creyentes utilizan los medios de navegación de las redes electrónicas como: www.youtube, www. facebook, www. myspace y otros, para diseminar malas noticias como cuando un siervo o sierva de Jesucristo falla moralmente. Ya los filisteos del mundo no tienen que dar esta noticia, la misma sale del campamento de Dios. Varias páginas cristianas de internet se han dedicado al chisme electrónico.

3. El rescate a Saúl

«Mas oyendo los de Jabes de Galaad esto que los filisteos hicieron a Saúl todos los hombres valientes se levantaron, y anduvieron toda aquella noche, y quitaron el cuerpo de Saúl y los cuerpos de sus hijos del muro de Bet-sán, y viniendo a Jabes, los quemaron allí» (1 Sam. 31:11, 12).

Los de Jabes de Galaad fueron aquellos a los cuales Saúl ayudó contra Nahas Amonita. Los de Jabes de Galaad se resistieron a negociar su ojo derecho, que era la demanda impuesta por Nahas amonita (1 Sam. 11:1-4). Saúl al enterarse de la situación de Jabes de Galaad, armó un ejército y salió en su defensa y derrotó a los amonitas (1 Sam. 11:5-11).

Años después, los hijos de aquellos a los que Saúl ayudó, anduvieron una noche y llegaron hasta el muro de Bet-sán y descolgaron los cadáveres de Saúl y sus hijos, incinerándolos, y esto no era parte de la costumbre hebrea, la cual practicaba la sepultura; lo hicieron para evitar alguna infección o que fueran a localizar sus cadáveres (1 Sam. 31:12). Luego sepultaron los huesos «debajo de un árbol en Jabes, y ayunaron siete días» (1 Sam. 31:13). Ese «árbol» es llamado «encina» (1 Cr. 10:12).

El bien que se hace a otros ahora, lo podremos recibir de otros después. Ayudar a otros supone que luego ellos nos puedan ayudar. Un dicho pueblerino dice: «Haz el bien y no mires a quién». Cuando hacemos un favor abrimos una línea de crédito con otros. Los valientes de Jabes de Galaad rescataron los cuerpos de Saúl y sus hijos. Con ellos, Saúl inició la aceptación de su reinado, y con ellos se cerró el capítulo de su vida.

El relato de 1 Samuel 31:13 termina aquí. El círculo termina donde comenzó el primer punto. Todo llegará a su final. Hoy subes alto, mañana bajarás bien bajo. Hoy muchos te buscan, mañana serás olvidado por muchos. Disfruta de la fama que tengas ahora, porque un día no tendrás ninguna.

El relato de primera de Crónicas dice lo mismo hasta el versículo 12. Pero ahora tenemos una sorpresa, un *addendum*. Leemos en 1 de Crónicas 10:13, 14 lo siguiente: «Así murió Saúl por su rebelión con que prevaricó contra Jehová, contra la palabra de Jehová, la cual no guardó, y porque consultó a una adivina, y no consultó a Jehová, por esta causa lo mató, y traspasó el reino a David hijo de Isaí».

«Así murió Saúl por su rebelión con que prevaricó contra Jehová...». Aquí se nos dice que la razón por la cual Saúl murió fue porque se rebeló contra Dios. Su muerte fue resultado de su rebelión. El cortó días a su vida por la desobediencia. Muchos morirán prematuramente por su pecado contra Dios. Aquella visita nocturna de Saúl a la pitonisa de Endor fue un acto de rebelión contra Jehová.

«...contra la palabra de Jehová, la cual no guardó...». Esa palabra le llegó a él por intermedio del profeta Samuel y él no la puso en práctica en su vida. Él no se alineó con lo que Dios le dijo. El gran problema de Saúl fue que se alejó de la Palabra de Dios, y no la guardó. El que no guarda la Palabra de Dios se condena al fracaso espiritual. Alinéate con la Palabra de Dios y Dios se alineará contigo.

«...y porque consultó a una adivina y no consultó a Jehová, por esta causa lo mató, y traspasó el reino a David hijo de Isaí». Esa visita de Saúl a la bruja de Endor, fue sancionada por Dios. En vez de hacer la consulta divina, Saúl hizo la consulta satánica; el cielo al no contestarle, ni la tierra hablar por profeta, Saúl buscó una respuesta en una portera del infierno.

Claramente se declara **«...por esta causa lo mató».** Saúl murió como juicio de Dios. En el monte Gilboa no solo estaban las espadas y las flechas filisteas, estaba la espada invisible de Dios. Aquellas flechas que hirieron a Saúl, Dios las pudo desviar, pudo proteger al rey de Israel, pero no lo hizo.

Si Dios hubiera permitido a Samuel presentarse verdaderamente a Saúl, no le hubiera dejado a la merced de los filisteos en Gilboa. Aquella noche que Saúl se disfrazó y consultó a la bruja de Endor, Dios volteó el dedo pulgar hacia abajo para él. Saúl se torció en el camino espiritual y terminó muy mal.

David ya había profetizado este día de la muerte de Saúl: **«Vive Jehová que si Jehová no lo hiriere, o su día llegue para que muera, o descendiendo en**

batalla perezca» (1 Sam. 26:10). El día había llegado para aquel rey que empezó humilde y terminó lleno de orgullo; que empezó lleno del Espíritu Santo y terminó vacío del Espíritu Santo.

El espíritu que habló como interlocutor por la bruja o médium de Endor, que milagrosamente Dios permitió que le diera un mensaje de reprensión a Saúl, le anunció la muerte a este rey descarriado de la fe hebrea; al otro día Saúl y sus hijos murieron.

Saúl había comenzado bien. Fue humilde y se volvió orgulloso, empezó obedeciendo y terminó desobedeciendo. Tenía oídos para escuchar al profeta Samuel y luego le cerró los oídos.

Conclusión

La montaña rusa de altos y bajos de Saúl, nos recuerda a todos nosotros que nos llegará el día cuando todos tendremos que descender por los rieles de la vida. Todo lo que sube baja.

11
La muerte de Samuel

1 Samuel 25:1, RVR1960

*«Murió Samuel, y se juntó todo Israel, y lo lloraron, y lo sepultaron en
su casa en Ramá. Y se levantó David y se fue al desierto de Parán»*

Introducción

La muerte del anciano profeta Samuel, coincidió con la huida de David al desierto de Parán, donde se desarrolló la historia con Nabal y Abigail (1 Sam. 25:1-44).

1. La noticia del fallecimiento de Samuel

«Murió Samuel, y se juntó todo Israel, y lo lloraron, y lo sepultaron en su casa en Ramá. Y se levantó David y se fue al desierto de Parán» (1 Sam. 25:1).

La noticia de la muerte es algo que un día llegará a nosotros sobre alguien o a alguien sobre nosotros. Es una noticia que no se quisiera escuchar, pero es parte del proceso de la vida. Se tendrá que dar o se tendrá que recibir. La noticia fue: «Murió Samuel...». Un día se dirá de nosotros o de ese alguien que no queremos nombrar: «Murió fulano, murió mengano, murió zutano o murió perengano...».

Lo importante es que estemos preparados para ese día que tengamos la cita con la muerte. Cuando tengamos que dejar nuestra vida en esta tierra para realizar una peregrinación hacia la eternidad.

Muchos no quisieran morir nunca, pero es egoísmo pensarlo así. Todos tenemos que morir a no ser que Jesucristo venga y levante a su Iglesia. Esa ha sido la esperanza de todos los cristianos desde la época de la naciente iglesia del siglo I.

El niño nacido milagrosamente, criado especialmente en el tabernáculo, llamado sobrenaturalmente, puesto por Dios como juez y profeta, también murió anciano y activo como todos los mortales. Samuel vivió cerca de un siglo al servicio de la obra de Dios, como un fiel representante de Dios en la tierra. Con la muerte de Samuel moría una época en la historia de Israel.

Fue el líder de la transición. El profeta que ungió al primer rey de Israel llamado Saúl y ungió al segundo rey llamado David. Pero el telón del drama de su última función tenía que ser subido para luego ser bajado. ¡Todo llega a su final!

2. La reunión en el funeral de Samuel

«Murió Samuel, y todo Israel se reunió para su funeral. Lo enterraron en su casa en Ramá. Luego David bajó al desierto de Maón» (1 Sam, 25:1, NTV).

La muerte de Samuel atrajo a mucha gente. Hay líderes cuya muerte se siente en toda la comunidad. Familiares, amigos y creyentes cuya muerte causa un profundo dolor humano. Siempre habrá ese alguien cuya muerte nos hará juntarnos.

Israel amaba al profeta Samuel. Fue un hombre conectado con Dios y con el cielo. Él hablaba y Dios hablaba. Sus visitas y encuentros siempre traían preocupación espiritual (1 Sam. 10:14-15; 16:4-5).

La muerte de Samuel unió a muchas personas. Muchos de Israel se hicieron presentes en el velatorio de este insigne hombre de Dios. Hay líderes que pertenecen únicamente a una familia y a una congregación, pero hay otros líderes que le pertenecen al pueblo.

«Ya Samuel había muerto, y todo Israel lo había lamentado, y le habían sepultado en Ramá, su ciudad. Y Saúl había arrojado de la tierra a los encantadores y adivinos» (1 Sam. 28:3).

El historiador Flavio Josefo comenta: «Por aquel entonces murió el profeta Samuel. Fue un hombre que gozó entre los hebreos de un respeto extraordinario. El aprecio de su virtud y el afecto que lo rodeaba se revelaron en el duelo que guardó el pueblo por él durante mucho tiempo, en la solemnidad y el pesar que se manifestaron en los funerales y en la observancia de todo el rito fúnebre».

Hay funerales que impactan a ciudades. Han sido gente de pueblo. Han sido servidores públicos. Han sido ministros de Dios. Han sido representantes del cielo. Han sido personas que no quisiéramos que murieran. Dejan un gran vacío en la comunidad y en las familias.

3. La tristeza de duelo por Samuel

«... y lo lloraron, y lo sepultaron en su casa en Ramá...» (1 Sam. 25:1).

Samuel lloraba a un Saúl vivo (1 Sam. 15:35) y Dios lo tuvo que regañar (1 Sam. 16:1). Y entre Samuel y Saúl no puede haber ninguna comparación. Ahora la gente lloraba a un Samuel muerto.

José el soñador, que era muy sentimental, muchas veces lo vemos llorando. Lloró a su padre Jacob cuando este falleció: «Entonces se echó José sobre el rostro de su padre, y lloró sobre él, y lo besó» (Gn. 50:1).

Jesús de Nazaret lloró a su buen amigo Lázaro: «Jesús lloró» (Jn. 11:35). Este es el versículo más corto de la Biblia y uno donde vemos manifestada la completa naturaleza humana del Hijo de Dios.

Un grupo de mujeres que seguían a Jesús en su camino del Vía Crucis, lloraban sabiendo por la muerte que este tendría: «Y le seguía gran multitud del pueblo, y de mujeres que lloraban y hacían lamentación por él. Pero Jesús, vuelto hacia ellas, les dijo: Hijas de Jerusalén, no lloréis por mí, sino llorad por vosotras mismas y por vuestros hijos» (Lc. 23:27-28).

Dorcas o Tabita, una costurera que ayudaba mucho en la naciente iglesia, murió y las viudas lo sintieron mucho: «Levantándose entonces Pedro, fue con ellos; y cuando llegó, le llevaron a la sala, donde le rodearon todas las viudas, llorando y mostrando las túnicas y los vestidos que Dorcas hacía cuando estaba con ellas» (Hch. 9:39).

Samuel fue una de las figuras legendarias y modelo espiritual para Israel. El autor del libro a los Hebreos le designa un sitial de honor entre los héroes de la fe: «¿Y qué más digo? Porque el tiempo me faltaría contando de Gedeón, de Barac, de Sansón, de Jefté, de David, así como de Samuel y de los profetas» (Heb. 11:32). Este pasaje menciona cuatro jueces veces, al rey David, y a Samuel por nombre, seguido del renglón «y de los profetas». Samuel fue un héroe de la fe.

Conclusión

A Samuel lo vimos consagrado en el templo y a Samuel lo vemos sepultado en su pueblo en su casa de Ramá. ¡Nació para morir! Hemos nacido como mortales. La vida y la muerte son una paradoja existencial.

12
La muerte de David

1 Crónicas 29:27, RV1960

«El tiempo que reinó sobre Israel fue cuarenta años. Siete años reinó en Hebrón, y treinta y tres reinó en Jerusalén»

Introducción

La guadaña de la muerte cortó la vida terrenal al ungido. El hombre de las batallas, el matador del gigante Goliat, que probó que a los gigantes se podían matar, llegó a la recta final del maratón de la vida.

Con la muerte se cerró el capítulo final de una vida heroica, ejemplar, tentada, pero siempre manteniendo un corazón conforme a Dios. El ungido comenzó y terminó bien su «curriculum vitae».

1. El reinado de David

«El tiempo que reinó sobre Israel fue cuarenta años. Siete años reinó en Hebrón, y treinta y tres años reinó en Jerusalén» (1 Cr. 29:27).

Este relato se introduce: «Así reinó David hijo de Isaí sobre todo Israel» (1 Cr. 29:26). Mantuvo un reino unido. El ungido fue un embajador de la unidad. Los ungidos buscan siempre la unidad de todo el cuerpo. Son personas que unen y se unen a otros. Buscan la reconciliación y la paz, para beneficio de todos.

El que tiene corazón de ungido no promueve la división, la discordia, el antagonismo, por el contrario promueve un espíritu unido. Bajo el liderazgo del ungido no hay dos pueblos, ni tres pueblos, sino un pueblo.

En total el ungido reinó siete años en Hebrón sobre Judá y treinta y tres años sobre todo Israel. Reinó una generación completa. El ministerio de los ungidos es a largo plazo. ¡Saben cumplir con su ministerio! ¡Empiezan algo y lo terminan!

2. La vida de David

«Y murió en buena vejez lleno de Dios, de riquezas y de gloria; y reinó en su lugar Salomón su hijo» (1 Cr. 29:28).

El ungido llegó hasta la «buena vejez». Vivió todas las etapas del ciclo humano. El que vive bien con Dios envejecerá y morirá bien con Dios. Llegar hasta la «buena vejez» es un privilegio que solo Dios puede conceder. Muchos llegan a la vejez solos, amargados, seniles, viendo todo lo que trabajaron destruido, lejos de la familia, aborrecidos y hastiados de tanto vivir. El ungido murió en «buena vejez».

Es decir, murió con las botas puestas, en su puesto de mando, viendo emerger la figura del nuevo rey, su hijo Salomón. Leemos del ungido que murió «lleno de días». Vivió y llegó a anciano con bríos, ánimo y entusiasmo. ¡Amaba la vida! Además llegó a la vejez lleno «de riquezas y de gloria». ¡Tenía de todo! ¡Lo logró todo! ¡Terminó todo! ¡Fue un líder realizado!

Se nos declara: «y reinó en su lugar Salomón su hijo». Su trono fue ocupado por uno tan bueno como él. Por un hijo que tenía su corazón, y que Dios lo había llamado a ser su sucesor. En vida el ungido participó de la selección del sucesor.

3. El recuerdo de David

«Y los hechos del rey David, primeros y postreros, están escritos en el libro de las crónicas de Samuel vidente, en las crónicas del profeta Natán, y en las crónicas de Gat vidente» (1 Cr. 29:29).

El ungido siempre estuvo cerca de sabios consejeros, de hombres que conocían el corazón de Dios y que le daban dirección espiritual a su vida. Nunca se quedó sin un líder espiritual. Tenía a quién recurrir en tiempos de crisis personal.

Su vida primera y postrera fue tema de escritura. Fue un texto de ejemplo humano, de consagración espiritual y de fe perseverante para su generación y la nuestra.

¿Qué se podrá escribir de nosotros? ¿Qué podrán leer otros de usted y de mí que los pueda inspirar? ¿De qué manera nuestro ministerio ha marcado la vida de otros?

Todo lo que hizo el ungido quedó registrado, bueno o malo, espiritual o carnal. En las crónicas de Dios todo lo que hacemos o pensamos está registrado de principio a fin. La vida del ungido es un libro abierto, todo es de acceso público en su inventario público. En él no hay nada escondido (1 Cr. 29:30).

En Hechos 13:36 leemos: «Porque a la verdad David, habiendo servido a su propia generación según la voluntad de Dios, durmió, y fue reunido con sus padres, y vio corrupción».

«... habiendo servido a su propia generación...». David fue un *diakono* (gr.) o «servidor» a su generación durante cuarenta años. Vivió desgastándose en el servicio de otros.

El ungido o la ungida son personas que son ministros para la generación con la cual les toca vivir. Son hombres y mujeres que dejan huellas impresas en la historia de otros y marcan sus vidas. Marcan una tremenda diferencia en su generación. El ungido o la ungida no vive para ser servido por su generación, sino que sirve a su generación. En lo que hace impacta a otros. ¡Es un marcador de vidas!

«... según la voluntad de Dios...». David fue la voluntad de Dios para su generación. Por eso en el Salmo 138:8, en su oración cantada expresó: «Jehová cumplirá su propósito en mí...».

Dios tiene contigo y conmigo un «propósito», un plan, somos parte integrante de su agenda divina. A parte de nosotros nada ni nadie podrá alterar el itinerario divino. ¡Dios hará con nosotros lo que le permitamos que haga!

Los ungidos están con la voluntad de Dios, hacen la voluntad de Dios y son la voluntad de Dios en el paréntesis de su generación. ¡Son gente ordinaria que sirven a un Dios extraordinario, haciendo cosas extraordinarias!

David fue ejemplo para reyes posteriores que hicieron lo recto y se les comparó con él, por ejemplo Ezequías (2 Cr. 29:2), Josías (2 Cr. 34:2). Por el contrario de otros como el rey Acaz se dijo: «Mas no hizo lo recto ante los ojos de Jehová, como David su padre» (2 Cr. 28:1).

En 2 Samuel 23:1-7 el cronista inserta lo que denomina «las palabras postreras de David» (2 Sam. 23:1). A David se le introduce así: «Éstas son las palabras postreras de David. Dijo David hijo de Isaí, dijo aquel varón que fue levantado en alto, el ungido del Dios de Jacob, el dulce cantor de Israel» (2 Sam. 23:1).

David comienza sus palabras declarando: «El Espíritu de Jehová ha hablado por mí, y su palabra ha estado en mi lengua» (1 Cr. 23:2). El ungido pronunció lo que parece ser su último discurso en un tono profético (1 Cr. 23:3-7). Él se inició en su ministerio profetizándole al gigante Goliat, su derrota (1 Sam. 17:45-47); y cierra su ministerio con palabra profética.

Conclusión

El ungido con su ministerio une. El ungido que llega a su vejez cosechará lo que sembró en su juventud. El ungido servirá a su generación y sus hechos serán recordados.

13
La muerte de Salomón

1 Reyes 11:43, RV1960

«Y durmió Salomón con sus padres, y fue sepultado en la ciudad
de su padre David y reinó en su lugar Roboam su hijo»

Introducción

Salomón fue un gran rey. Vivió como un gran rey. Tuvo riquezas como un gran rey. Pero murió como todos los demás mortales. ¡Nació, vivió y murió! Ese es el epitafio para cada ser humano. Lo que hagamos entre esos paréntesis determinará nuestra aportación en esta vida.

1. Los hechos de Salomón

«Los demás hechos de Salomón, todo lo que hizo, y su sabiduría, ¿no está escrito en el libro de los hechos de Salomón?» (1 R. 11:41).

Es muy probable que «el libro de los hechos de Salomón» se refiera a su registro en primera de Reyes y primera Crónicas. Pero podría ser otra referencia a los escritos del profeta Natán, a la profecía de Ahías y a la profecía del vidente Iddo, tal y como se registra en segunda Crónicas 9:29. Es probable que dichas profecías estén contenidas en los libros canónicos ya mencionados.

En la vida de Salomón encontramos más hechos que dichos. Todo lo que Salomón hizo sobrepasó a todo lo que dijo. Su vida estuvo rodeada de fama, de riquezas, de esposas.

De su trono leemos: «Hizo además el rey un gran trono de marfil, y lo cubrió de oro puro. El trono tenía seis gradas, y un estrado de oro fijado al trono, y brazos a uno y otro lado del asiento, y dos leones que estaban junto a los brazos.

Había también allí doce leones sobre las seis gradas, a uno y otro lado. Jamás fue hecho trono semejante en reino alguno. Toda la vajilla del rey Salomón era de oro, y toda la vajilla de la casa del bosque del Líbano, de oro puro. En los días de Salomón la plata no era apreciada» (2 Cr. 9:17-20).

Jesucristo mismo comparó al lirio del campo con Salomón y dijo: «Y por el vestido, ¿por qué os afanáis? Considerad los lirios del campo, cómo crecen: no trabajan ni hilan; pero os digo, que ni aun Salomón con toda su gloria se vistió así como uno de ellos» (Mt. 6:28, 29).

Salomón no fue tan productivo teniendo hijos como su padre David, ¡con todas las mujeres que llegó a tener! Solo tuvo dos hijas llamadas Tafat y Basemat (1 R. 4:11.15). Y su hijo Roboam (1 R. 11:43). Se desconoce si tuvo otros hijos.

En 1 de Crónicas 3:10-13.15.16 leemos: «Hijo de Salomón fue Roboam, cuyo hijo fue Abías, del cual fue hijo Asa, cuyo hijo fue Josafat, de quien fue hijo Joram, cuyo hijo fue Ocozías, hijo del cual fue Joás, del cual fue hijo Amasías, cuyo hijo fue Azarías, e hijo de éste, Jotam. Hijo de éste fue Acaz, del que fue hijo Ezequías, cuyo hijo fue Manasés. Y los hijos de Josías: Johanán su primogénito, el segundo Joacim, el tercero Sedequías, el cuarto Salum. Los hijos de Joacim: Jeconías su hijo, hijo del cual fue Sedequías».

El pasaje citado nos presenta el árbol genealógico de los descendientes de Salomón que reinaron sobre el trono de Judá por generaciones después de él. El último rey legal de la tribu de Judá fue Sedequías.

Vivamos la vida cristiana de tal manera que cuando nos llegue el día de la muerte, muchos puedan recordar muchas cosas buenas que hicimos mientras vivíamos.

Esta vida se vive solo una vez y debemos vivirla bien, para que cuando nos toque dejarla no tengamos que lamentarnos de no haberla aprovechado al máximo para Dios. Nunca te lamentes por lo que no hiciste en el pasado, laméntate por lo que no estás haciendo en el presente. ¡Hoy será mañana, mañana será ayer!

2. El reinado de Salomón

«Los días que Salomón reinó en Jerusalén sobre todo Israel fueron cuarenta años» (1 R. 11:42).

El reinado de Salomón fue de una generación completa de cuarenta años como el del rey Saúl y el rey David. Hemos sido llamados a dar el máximo en nuestras vidas. A completar todo aquello para lo cual nos ha llamado nuestro Señor Jesucristo. A eso se le conoce como propósito.

Dios desea completar su propósito en nosotros, pero debemos cumplir con todo aquello que el Señor Jesucristo requiere para que se vea cumplido:

«Jehová cumplirá su propósito en mí; Tu misericordia, oh Jehová, es para siempre; No desampares la obra de tus manos» (Sal. 138:8).

«Porque a la verdad David, habiendo servido a su propia generación según la voluntad de Dios, durmió, y fue reunido con sus padres, y vio corrupción» (Hch. 13:36).

Para el autor de los Hebreos, Salomón no fue un modelo de fe: «¿Y qué más digo? Porque el tiempo me faltaría contando de Gedeón, de Barac, de Sansón, de Jefté, de David, así como de Samuel y de los profetas» (Heb. 11:32).

Salomón comenzó bien su reinado, pero lo terminó mal. El triste destino de muchos seres humanos que han comenzado muchas cosas bien en la vida, pero al final todo lo han terminado mal. Comenzaron con un buen matrimonio, pero al final terminaron en un mal divorcio. Comenzaron con una buena educación a los hijos, pero al final estos tomaron decisiones equivocadas y todo terminó mal. Comenzaron bien como creyentes, pero al final terminaron mal. Comenzaron bien como subalternos, pero al final la rebelión los hizo terminar mal.

3. El fallecimiento de Salomón

«Y durmió Salomón con sus padres, y fue sepultado en la ciudad de su padre David y reinó en su lugar Roboam su hijo» (1 R. 11:43).

El historiador Flavio Josefo declaró de la muerte de Salomón lo siguiente: «Salomón murió muy viejo, después de haber reinado ochenta años y vivido noventa y cuatro. Fue sepultado en Jerusalén. Sobrepasó a todos los demás reyes en prosperidad, riqueza y sabiduría, menos en las transgresiones que cometió al volverse viejo, inducido por las mujeres. Sobre estas transgresiones y las desdichas que acarrearon a los hebreos, creo conveniente hablar en otra oportunidad».

Flavio Josefo exageró los años del reinado de Salomón, diciendo que fueron «ochenta años» (cuando fueron cuarenta) y exageró la edad en la cual murió diciendo que había vivido «noventa y cuatro años» (cuando vivió unos 60 años). El propósito detrás de todo esto era quizá impresionar a los lectores romanos. Sin embargo enfatizó «en las transgresiones que cometió al volverse viejo, inducido por las mujeres». Este autor judío inventó muchos discursos que puso en boca de héroes hebreos y judíos, para de esa manera resaltar el heroísmo del pueblo judío.

Salomón al igual que todos los mortales tuvo que pasar por el camino de la muerte. Ni su gran sabiduría, ni sus grandes riquezas, ni su gran ejército, ni su corona de rey, nada le pudo librar del día de la muerte.

Dice la Biblia: «Y de la manera que está establecido para los hombres que mueran una sola vez, y después de esto el juicio» (Heb. 9:27).

La muerte es el camino a la vida plena y total en Jesucristo. Es una transición. Es un pasar de esta vida a la otra vida. Mi amiga Priscila Montañez, un día me escribió estas palabras en una de mis Biblias: «Kittim cuando tú naciste, todos reían y tu llorabas, vive tu vida de tal manera que cuando tú mueras, todos lloren y tu rías».

Se teme más el pensamiento de la muerte que a la misma muerte. La fe y la esperanza nos ayudan a prepararnos para un día mirar a la muerte cara a cara, para sonreírnos con la esperanza de la resurrección. De la vida nace la muerte y de la muerte nacerá la vida.

Cuando un creyente muere la tierra lo llora, pero el cielo se ríe. La muerte no es una perdida terrenal, es una ganancia celestial. Para el creyente en Cristo Jesús la muerte es la puerta que se abre de par en par a la sala de la vida eterna.

Dijo el «Príncipe de los Predicadores», Carlos Haddon Spurgeon: «Tú, creyente, estás únicamente en un mesón, así que no te inquietes por los pequeños inconvenientes del lugar, pues debes partir a la mañana, y puedes estar seguro que el carruaje de tu Padre estará a la puerta, esperándote, en el momento preciso. Por tanto ten todo listo y debidamente empacado para tu partida. No andes comprando muchas cosas aquí, pues no te las podrás llevar contigo. Ten muy poco, y tenlo todo listo. Y algo muy recomendable es que envíes todo lo que puedas, delante de ti» (Sermón predicado la noche del 17 de diciembre de 1874 en el Metropolitan Tabernacle).

Conclusión

Salomón murió y su hijo Roboam tomó su lugar como rey. ¿Quién tomará nuestro lugar? ¿Qué será de todo aquello por lo que hemos trabajado? ¿Será nuestro sucesor mejor que nosotros? Nunca lo sabremos. Pero algo sí debemos saber, y es que hagamos las cosas bien, sirviendo a nuestros semejantes.

14
La muerte de Lázaro

Juan 11:43, RV1960

«Y habiendo dicho esto, clamó con gran voz: ¡Lázaro, ven fuera!»

Introducción

La muerte y resurrección de Lázaro constituyen el milagro de oro de nuestro Señor Jesucristo. Ocurrió unas semanas antes de la Pascua. Posteriormente Jesús de Nazaret, la semana antes tuvo una cena en la casa de los hermanos Lázaro, Marta y María.

1. El aviso a Jesús

«Estaba entonces enfermo uno llamado Lázaro, de Betania, la aldea de María y de Marta su hermana (María, cuyo hermano Lázaro estaba enfermo, fue la que ungió al Señor con perfume, y le enjugó los pies con sus cabellos). Enviaron, pues, las hermanas para decir a Jesús: Señor, he aquí que el que amas está enfermo» (Jn. 11:1-3).

Betania está ubicada en el extremo sur del monte de los Olivos, allí vivía una familia de tres hermanos: María, Marta y Lázaro. En esta nomenclatura del orden bíblico se puede deducir que Lázaro es el menor. De allí era también Simón el leproso. El nombre Lázaro es lo mismo que Eleazar y significa «Dios es mi ayuda», «Dios ha socorrido». Aparte de la inclusión en el Evangelio de Juan, no se conoce nada más de él, a no ser leyendas y dos tradiciones: una ortodoxa y la otra occidental. Según una tradición Lázaro tenía 30 años cuando fue resucitado, y logró escapar del complot de muerte, muriendo posteriormente de manera natural. Los palestinos le llaman a la comunidad actual El Azariya, que significa en árabe «Lugar de Lázaro», la cual he visitado varias veces para descender al sepulcro tradicional de Lázaro.

A esta María se le identifica con la mujer de Marcos 14:3-9 y Juan 12:1-8, que ungió a Jesús en Betania. La otra mujer que ungió a Jesús también en Betania y en la casa de Simón el leproso, una historia muy similar, era ramera y se menciona en Lucas 7:36-50. Ambas mujeres con historias similares, pero diferentes ellas, en diferentes ocasiones ungieron los pies de Jesús con un costoso perfume de alabastro.

Las hermanas enviaron un mensaje al Señor Jesucristo: «Señor, he aquí el que amas está enfermo» (Jn. 11:3). Cuanto más amamos a alguien, más nos identificamos con su sufrimiento. Lázaro y Jesús fueron buenos amigos. En su humanidad Jesús lo llegó a amar. Un amor como el de David con Jonatán y el del rey Hiram de Tiro hacia David. A un verdadero amigo o amiga se le ama. Pero notemos que el texto enfatiza: «Señor, he aquí el que amas está enfermo». Nunca el amor de uno por Él, será mayor que el amor de Él por uno. No podremos amar a Jesús más de lo que Jesús nos ama a nosotros. Nunca amaremos más que Jesucristo y nunca sufriremos más que Jesucristo. El pastor no puede sufrir más por la Iglesia que lo que el Gran Pastor sufrió en el Calvario por la Iglesia.

2. El amor de Jesús

«Oyéndolo Jesús, dijo: Esta enfermedad no es para muerte, sino para la gloria de Dios, para que el Hijo de Dios sea glorificado por ella» (Jn. 11:4).

Jesús se mostró muy tranquilo ante la noticia de la enfermedad de Lázaro, y se expresó muy positivo acerca de la misma. Ante una noticia terminal, de muerte, debemos ser positivos y optimistas. En aquella enfermedad de Lázaro, Jesucristo sería glorificado. La muerte de Lázaro por causa de su enfermedad no sería en esta ocasión permanente porque Lázaro sería restaurado a la vida. Ese fue el contexto en que el Maestro expresó las palabras.

«Y amaba Jesús a Marta, a su hermana y a Lázaro» (Jn. 11:5). Aquí se da la segunda nomenclatura con Marta como la mayor y Lázaro siempre el menor. El amor de Jesús era un amor de familia, a los tres los amaba igual. Aunque Marta y María creían que Jesús amaba más a Lázaro que a ellas, de ahí la expresión «el que amas».

3. La demora de Jesús

«Cuando oyó, pues, que estaba enfermo, se quedó dos días más en el lugar donde estaba. Luego, después de esto, dijo a los discípulos: Vamos a Judea otra vez. Le dijeron los discípulos: Rabí, ahora procuraban los judíos apedrearte, ¿y otra vez vas allá? Respondió Jesús: ¿No tiene el día doce horas? El que anda de día, no tropieza, porque ve la luz de este mundo; pero el que anda de noche, tropieza, porque no hay luz en él» (Jn. 11:6-10).

Las demoras de Jesucristo siempre tienen un propósito. Él estaba a distancia de Judea, posiblemente en la región de Samaria, a dos días de camino, y se quedó donde estaba dos días. Los discípulos se preocuparon por su seguridad. Los judíos querían apedrearlo. Pero Jesús les respondió con firmeza y mucha seguridad que había que aprovechar la luz del día, es decir, tomar las oportunidades que cada día se nos ofrecen para realizar algo.

4. La afirmación de Jesús

«Dicho esto, les dijo después: Nuestro amigo Lázaro duerme; mas voy para despertarle. Dijeron entonces sus discípulos: Señor, si duerme, sanará. Pero Jesús decía esto de la muerte de Lázaro; y ellos pensaron que hablaba del reposar del sueño. Entonces Jesús les dijo claramente: Lázaro ha muerto; y me alegro por vosotros, de no haber estado allí, para que creáis; mas vamos a él. Dijo entonces Tomás, llamado Dídimo, a sus condiscípulos: Vamos también nosotros, para que muramos con él» (Jn. 11:11-16).

Jesús habló de la muerte y resurrección de Lázaro como de uno que dormía y que él lo despertaría. Para Pablo de Tarso la muerte de los cristianos de Corinto era que dormían en Cristo y que Cristo en la resurrección los despertaría (1 Cor. 15:20, 51). Los discípulos pensaron que Lázaro estaba dormido, pero Jesús les aclaró que había fallecido.

Los judíos de la época de Jesús, por lo general tenían dos nombres, el hebreo y el griego. Por ejemplo «Simón Petro o Pedro», «Saulo Paulus o Pablo». Tomás (nombre hebreo) Dídimo (nombre griego), este último nombre significa gemelo o mellizo, aunque desconocemos quien era su mellizo. Tomás siempre mostró su duda, su negativismo, su pesimismo: «Vamos también nosotros, para que muramos con él» (Jn. 11:16).

Esa expresión: «Vamos también nosotros, para que muramos con él» (Jn. 11:16), es el presentimiento que tenía Tomás de que algo fatal le ocurriría al Maestro al llegar a Jerusalén. Y demostró su decisión colectiva de morir todos con el Maestro al subir a Jerusalén.

5. La llegada de Jesús

«Vino, pues, Jesús, y halló que hacía ya cuatro días que Lázaro estaba en el sepulcro. Betania estaba cerca de Jerusalén, como a quince estadios; y muchos de los judíos habían venido a Marta y a María, para consolarlas por su hermano» (Jn. 11:17-19).

A la llegada de Jesús, Lázaro llevaba cuatro días de fallecido, ya estaba sepultado. Se aclara la cercanía de Betania a Jerusalén, lo cual yo mismo he podido comprobar en mis viajes. Hoy por causa de la muralla levantada por Israel para separar el territorio palestino, toma como 45 minutos en vehículo llegar, y si los soldados israelitas se demoran en el puesto de chequeo puede tomar una hora.

Muchos judíos amigos de Lázaro, habían llegado para consolar a esta familia. La presencia de amigos y familiares en un funeral ofrece ventilación y apoyo emocional para los deudos.

6. La reacción a Jesús

«Entonces Marta, cuando oyó que Jesús venía, salió a encontrarle; pero María se quedó en casa. Y Marta dijo a Jesús: Señor, si hubieses estado aquí, mi hermano no habría muerto. Mas también sé ahora que todo lo que pidas a Dios, Dios te lo dará» (Jn. 11:20-22).

Marta salió para encontrarse con Jesús, María se quedó en la casa. Las dos reaccionaron momentáneamente de manera diferente. Y ante la muerte y duelo de un ser querido, los deudos reaccionan con diferentes temperamentos, introvertidamente o extrovertidamente.

Marta y María eran de temperamentos diferentes. Lucas 10:38-42, nos presenta a una Marta extrovertida, muy activa, envuelta en muchos quehaceres y sirviendo a Jesús en su visita a la casa de Marta y María en Betania. María, la introvertida, la callada, estaba sentada siendo ministrada por la palabra que el Maestro le enseñaba. Marta se le quejó al Señor de la falta de ayuda por parte de María. Jesús la regañó diciéndole: «Marta, Marta, afanada y turbada estás con muchas cosas. Pero sólo una cosa es necesaria; y María ha escogido la mejor parte, la cual no le será quitada» (Lc. 10:39, 41-42).

Notemos como Marta expresó su preocupación por la ausencia de Jesús, pero a la vez su fe en Él: «Entonces Marta le dijo a Jesús: Señor, si tú hubieras estado aquí, mi hermano no habría muerto. Pero a pesar de todo lo que ha pasado, Dios hará lo que tú le pidas. De eso estoy segura». (Jn. 11:22, TLA).

7. La esperanza de Jesús

«Jesús le dijo: Tu hermano resucitará. Marta le dijo: Yo sé que resucitará en la resurrección, en el día postrero. Le dijo Jesús: Yo soy la resurrección y la vida;

el que cree en mí, aunque esté muerto, vivirá. Y todo aquel que vive y cree en mí, no morirá eternamente. ¿Crees esto? Le dijo: Sí, Señor; yo he creído que tú eres el Cristo, el Hijo de Dios, que has venido al mundo» (Jn. 11:23-27).

Jesús la afirmó en su fe con estas palabras: «Tu hermano resucitará» (Jn. 11:23). Pero Marta poseía una doctrina de fe futura acerca de la resurrección de su hermano: «Yo sé que resucitará en la resurrección en el día postrero» (Jn. 11:23). A lo que Jesús le habló como Dios: «Yo soy la resurrección y la vida; el que cree en mí, aunque esté muerto, vivirá. Y todo aquel que vive y cree en mí, no morirá eternamente» (Jn. 11:24). Y le hizo la pregunta para disipar cualquier duda en Marta: «¿Crees esto?».

Marta hizo una confesión de Jesús como el Mesías: «Sí, Señor; yo he creído que tú eres el Cristo, el Hijo de Dios, que has venido al mundo» (Jn. 11:27). La samaritana hizo una confesión similar: «Entonces la mujer dejó su cántaro, y fue a la ciudad, y dijo a los hombres: Venid, ved a un hombre que me ha dicho todo cuanto he hecho. ¿No será éste el Cristo?» (Jn. 4:28-29).

Pedro en el monte Hermón, en Banias o Panias, donde estaba el templo al dios Baco o Dionisio o Pan, allí donde nace el río Jordán, conocida la gruta como la Puerta del Hades, declaró: «Respondiendo Simón Pedro, dijo: Tú eres el Cristo, el Hijo del Dios viviente» (Mt. 16:16).

Jesús respondió a Simón Pedro: «Entonces le respondió Jesús: Bienaventurado eres, Simón, hijo de Jonás, porque no te lo reveló carne ni sangre, sino mi Padre que está en los cielos. Y yo también te digo, que tú eres Pedro, y sobre esta roca edificaré mi iglesia; y las puertas del Hades no prevalecerán contra ella. Y a ti te daré las llaves del reino de los cielos; y todo lo que atares en la tierra será atado en los cielos; y todo lo que desatares en la tierra será desatado en los cielos» (Mt. 16:17-19).

8. El aviso sobre Jesús

«Habiendo dicho esto, fue y llamó a María su hermana, diciéndole en secreto: El Maestro está aquí y te llama. Ella, cuando lo oyó, se levantó de prisa y vino a él» (Jn. 11:28-29).

Marta se fue y en secreto le habló a María, avisándole que Jesús «El Maestro» como le llamaban sus seguidores más cercanos, ya estaba presente. María se levantó rápido para encontrarse con el Maestro. Esos momentos de duelo ante la partida de un ser querido, debemos acercarnos a la presencia de nuestro Señor Jesucristo.

9. La aproximación de Jesús

«Jesús todavía no había entrado en la aldea, sino que estaba en el lugar donde Marta le había encontrado. Entonces los judíos que estaban en casa con ella y la consolaban, cuando vieron que María se había levantado a toda prisa y había salido, la siguieron, diciendo: Va al sepulcro a llorar allí» (Jn. 11:30-31).

Marta encontró a Jesús a las afueras de la aldea de Betania. Los judíos al ver con la prisa que salió María; la siguieron pensando que iba a llorar ante el sepulcro de su hermano Lázaro. María no iba a encontrarse con la muerte sino con la vida, como se encontró Jesús con la vida y con la muerte en el féretro del hijo de la viuda de Naín.

10. El encuentro con Jesús

««María, cuando llegó a donde estaba Jesús, al verle, se postró a sus pies, diciéndole: Señor, si hubieses estado aquí, no habría muerto mi hermano. Jesús entonces, al verla llorando, y a los judíos que la acompañaban, también llorando, se estremeció en espíritu y se conmovió, y dijo: ¿Dónde le pusisteis? Le dijeron: Señor, ven y ve. Jesús lloró. Dijeron entonces los judíos: Mirad cómo le amaba. Y algunos de ellos dijeron: ¿No podía éste, que abrió los ojos al ciego, haber hecho también que Lázaro no muriera?» (Jn. 11:32-37).

María le expresó respeto al Señor Jesucristo, y lo culpó de la muerte de Lázaro: «Señor, si hubieses estado aquí, no habría muerto mi hermano». Esto mismo fue el saludo que Marta le había dado al Maestro. La diferencia entre las dos hermanas, fue que Marta habló con mucha fe: «Señor, si tú hubieras estado aquí, mi hermano no habría muerto. Pero a pesar de todo lo que ha pasado, Dios hará lo que tú le pidas. De eso estoy segura» (Jn. 11:22).

Es la reacción de muchas personas cuando fallece un ser querido y culpan a Dios por no haberlo impedido. Es un mecanismo de defensa psicológico utilizado por los seres humanos para culpar a otros o a Dios de csus desgracias.

Jesús como consejero no se molestó con las palabras de María. No reaccionó negativamente a las mismas. Pero si reaccionó a su lloro, que lo conmovió, haciendo que Él también llorará, manifestando su completa humanidad como hombre de hombre y Dios de Dios. Los judíos vieron como Jesús amaba a su amigo Lázaro.

«Pero otros decían: 'Este hombre sanó a un ciego. ¿Acaso no podía impedir que Lázaro muriera?'» (Jn. 11:37, NTV). Siempre aparecerán aquellos teólogos de las situaciones. Allí, aquel coro humano estaba cuestionando la falta de Jesús por no haber evitado la muerte de Lázaro. Aunque Dios puede evitar la muerte de un creyente, esta es inevitable si está dentro de la soberanía divina.

11. La conmoción en Jesús

«Jesús, profundamente conmovido otra vez, vino al sepulcro. Era una cueva, y tenía una piedra puesta encima. Dijo Jesús: Quitad la piedra. Marta, la hermana del que había muerto, le dijo: Señor, hiede ya, porque es de cuatro días» (Jn. 11:38-39).

Jesús se había alejado del sepulcro, pero conmovido regresó al mismo. Se describe cómo los sepulcros de la época eran en cuevas o grutas. Jesús dijo que quitaran la piedra, pero Marta respondió que el cuerpo en proceso de descomposición con cuatro días de fallecido, produciría mal olor. Aun más, ella dice: «… entonces Marta, la hermana del muerto, protestó: Señor, hace cuatro días que murió. Debe haber un olor espantoso» (Jn. 11:39, NTV). ¡Lázaro apestaba!

Notemos la expresión «Señor, hiede ya, porque es de cuatro días». Es la mayor demostración que atestigua la muerte real de Lázaro. Eso de que «hiede ya», literalmente «tiene mal olor». Otras versiones leen: «Seguramente ya huele mal» (TLA). «Debe haber un olor espantoso». Esto demuestra que la muerte de Lázaro no fue un estado de catalepsia fue una muerte real. Se define la catalepsia como condición rígida e inmóvil del cuerpo, donde los músculos se inactivan, y la persona presenta un estado de muerte. En el pasado enterraron a personas con catalepsia que al reaccionar morían de asfixia dentro del ataúd. Visitando las momias de Guanajuato, León, México, vi momias de esas desdichadas personas, tétricas en su rostro y con sus brazos mostrando la desesperación.

12. La manifestación en Jesús

«Jesús le dijo: ¿No te he dicho que si crees, verás la gloria de Dios? Entonces quitaron la piedra de donde había sido puesto el muerto. Y Jesús, alzando los ojos a lo alto, dijo: Padre, gracias te doy por haberme oído. Yo sabía que siempre me oyes; pero lo dije por causa de la multitud que está alrededor, para que crean que tú me has enviado. Y habiendo dicho esto, clamó a gran voz: ¡Lázaro, ven fuera! Y él que había muerto salió, atadas las manos y los pies con vendas, y el rostro envuelto en un sudario. Jesús les dijo: Desatadle, y dejadle ir» (Jn. 11:40-44).

Con esa pregunta Jesús estimulaba la fe de Marta, de que ella y todos los presentes verían la gloria de Dios manifestada. Donde ocurre un milagro de Dios se manifiesta su gloria.

Quitaron la piedra del sepulcro, la cual hicieron girar sobre una ranura y eran piedras planas y redondas, que se ponían en declive para su fácil manejo. Allí Jesús oró: «La gente quitó la piedra de la entrada. Luego, Jesús miró al cielo y dijo: 'Padre, te doy gracias porque me has escuchado. Yo sé que siempre me escuchas, pero lo digo por el bien de todos los que están aquí, para que crean que tú me enviaste'» (Jn. 11:41-42, TLA).

Y Jesús «clamó a gran voz. Y dijo: ¡Lázaro, ven fuera!» (Jn. 11:43). En el seno de Abraham o Hades habían muchos con el nombre de Lázaro, incluyendo al de la parábola que lleva su nombre (Lc. 16:9-31). Al Jesús gritar: «¡Lázaro, sal de ahí!» (NTV), solo Lázaro de Betania salió del sepulcro. Él cual salió con los lienzos y el sudario con que fue cubierto para la sepultura. Lázaro salió dando brincos, una escena muy conmovedora.

La otra vez que escuchamos a Jesús clamando a gran voz fue en el Calvario: «Mas Jesús, habiendo otra vez clamado a gran voz, entregó el espíritu» (Mt. 27:50). Uno fue el grito para dar vida y el otro el grito para dar su vida.

«Jesús les dijo: Desatadle, y dejadle ir» (Jn. 11:44). Eso implicaba dejarlo desnudo, por lo tanto tuvieron que traer un manto para cubrir a Lázaro. Una figura que ilustra como la gracia divina cubre al pecador muerto en delitos y pecados, que es resucitado por el poder de Jesucristo, pero necesitaba ahora ser vestido.

La muerte y resurrección de Lázaro nos enseña que el poder de la vida y de la muerte está en Jesús de Nazaret. Pero ese milagro extraordinario, fuera de lo común, precipitó un complot para dar muerte a Jesús.

Jesús resucitó a la hija Jairo: «Y vino uno de los principales de la sinagoga, llamado Jairo; y luego que le vio, se postró a sus pies, y le rogaba mucho, diciendo: Mi hija está agonizando; ven y pon las manos sobre ella para que sea salva, y vivirá» (Mc. 5:22-23).

«Y entrando, les dijo: ¿Por qué alborotáis y lloráis? La niña no está muerta, sino duerme. Y se burlaban de él. Mas él, echando fuera a todos, tomó al padre y a la madre de la niña, y a los que estaban con él, y entró donde estaba la niña. Y tomando la mano de la niña, le dijo: *Talita cumi*; que traducido es: Niña, a ti te digo, levántate. Y luego la niña se levantó y andaba, pues tenía doce años. Y se espantaron grandemente. Pero él les mandó mucho que nadie lo supiese, y dijo que se le diese de comer» (Mc. 5:39-43).

Jesús resucitó al hijo de la viuda de Naín: «Aconteció después, que él iba a la ciudad que se llama Naín, e iban con él muchos de sus discípulos, y una gran multitud. Cuando llegó cerca de la puerta de la ciudad, he aquí que llevaban a enterrar a un difunto, hijo único de su madre, la cual era viuda; y había con ella mucha gente de la ciudad. Y cuando el Señor la vio, se compadeció de ella, y le dijo: No llores. Y acercándose, tocó el féretro; y los que lo llevaban se detuvieron. Y dijo: Joven, a ti te digo, levántate. Entonces se incorporó el que había muerto, y comenzó a hablar. Y lo dio a su madre. Y todos tuvieron miedo, y glorificaban a Dios, diciendo: Un gran profeta se ha levantado entre nosotros; y: Dios ha visitado a su pueblo. Y se extendió la fama de él por toda Judea, y por toda la región de alrededor» (Lc. 7:11-17).

Estas resurrecciones o restauraciones a la vida ya mencionadas ocurrieron aproximadamente el mismo día, antes de las 24 horas. Lázaro fue resucitado o restaurado a la vida por Jesús cuatro días después. Jesucristo murió y resucitó al tercer día como el Señor de la Vida y de la Muerte.

Allí, el día de la resurrección de Lázaro había muchos testigos que creyeron en Jesús como el mesías, y otros fueron y contaron lo ocurrido a los fariseos (Jn. 12:45-46). Se convocó el concilio, estando el sumo sacerdote Caifás presente, y se pensó que Jesús era una amenaza política y que los romanos los podían matar a todos (Jn. 12:47-48). Caifás profetizó que un solo hombre muriera por toda la nación (Jn. 12:49-52). Juan nos da una nota clave: «Esto no lo dijo por sí mismo, sino que como era el sumo sacerdote aquel año, profetizó que Jesús había de morir por la nación» (Jn. 11:51). Dios utilizó a un impío para profetizar la muerte de Jesucristo.

Conclusión

A partir de ese momento se acordó dar muerte al Señor Jesucristo, el cual se cuidó en sus presentaciones y se trasladó al desierto de Efraín a una ciudad del mismo nombre (Jn. 11: 53-54). La fiesta de Pascua estaba cerca, muchos peregrinos ya llegaban, y se había dado la orden de arrestar a Jesús tan pronto lo viesen (Jn. 11:55-58).

15
La muerte de Jesús

Lucas 23:46, RV1960

«Entonces Jesús, clamando a gran voz, dijo: Padre, en tus manos
encomiendo mi espíritu. Y habiendo dicho esto, expiró»

Introducción

En este pasaje de Lucas 23:46, nuestro bendito Salvador, que en Él sumó las dos naturalezas divina y humana, sin división y sin confusión, brindó al ser humano la gran lección de que el que ha vivido bien debe morir bien.

1. El clamor de Jesús

«Entonces Jesús, clamando a gran voz...» (Lc. 23:46). "Después Jesús gritó ..." (NTV).

En la encarnación el Logos nace como niño y en la redención el Logos muere como hombre. El ciclo de la vida, el paréntesis de treinta y tres años y medio, manifiesta la intervención divina en el gran rescate de la humanidad. Aquel que nos enseñó a vivir al máximo el potencial humano, nos ofrece el último ejemplo de morir totalmente realizados y confiados.

Se nos dice: «Entonces Jesús, clamando a gran voz...» (Lc. 23:46). Su clamor no fue de miedo, ni de espanto, ni por Él mismo, sino para que nosotros escuchásemos lo que quería decir. Aquí se nos presenta el segundo clamor del Señor Jesucristo desde la tarima del Calvario.

Mateo 27:45, 46, 48-50 señala muy bien los dos clamores: «Y desde la hora sexta hubo tinieblas sobre toda la tierra hasta la hora novena. Cerca de la hora novena, Jesús clamó a gran voz, diciendo: *Elí, Elí, ¿lama sabactani?* Esto es: Dios mío, Dios mío, ¿por qué me has desamparado? Y al instante, corriendo uno de ellos, tomó una esponja, y la empapó de vinagre, y poniéndola en una caña, le dio a beber. Pero los otros decían: Deja, veamos si viene Elías a librarle. Mas Jesús, habiendo otra vez clamado a gran voz, entregó el espíritu».

2. La encomienda de Jesús

«... Padre, en tus manos encomiendo mi espíritu...» (Lc. 23:46). "...«¡Padre, mi vida está en tus manos!»..." (TLA).

En el Salmo 31:5 leemos: «En tu mano encomiendo mi espíritu; Tú me has redimido, oh Jehová, Dios de verdad». Con una citación al Salmo 31, el Dios-Hombre se apresta para romper el puente de su trayectoria humana, suspendido entre su encarnación y su redención. Se toma la libertad de añadirle al salmo el título de «Padre». Y quién puede cuestionarlo por lo que ha hecho. Pero lo hace para identificarse y expresar confianza hacia aquel con el cual siempre mantuvo una íntima comunión.

Jesús nos enseña lo importante que es enfrentar la muerte en compañía del «Padre celestial». Al estado de la muerte para aquellos que les toque enfrentarla, se tiene que entrar tomados de la mano de Dios. La encarnación y la resurrección de Jesús de Nazaret son dos grandes misterios de la fe cristiana. La razón se hunde en las aguas de esta revelación y solo se puede flotar con la claraboya de la fe.

A lo largo de la historia de la Iglesia esta última palabra ha sido la oración repetida por mártires y santos a la hora de la muerte. Con la repetición de esta palabra muchos han sentido la confianza y la esperanza de enfrentar el tenebroso y oscuro camino de la muerte.

El salmista David expresó está angustia de la muerte con estas palabras: «Aunque ande en valle de sombra de muerte, no temeré mal alguno, porque tú estarás conmigo; tu vara y tu cayado me infundirán aliento» (Sal. 23:4).

Esta oración con la cual Jesús de Nazaret cierra su discurso de siete puntos, compartido durante seis horas, fue emulada por Esteban el diácono, primer mártir de la fe cristiana, quien al final de su martirio, tomó prestadas su última y primera palabra al orar: «Señor Jesús, recibe mi espíritu. Señor, no les tomes en cuenta este pecado» (Hch. 7:59-60).

Con la muerte de un justo el cielo tiene para él o ella una gran recepción. Allí se encontrará con seres queridos, amigos del alma y con los santos de Dios. ¡Él o ella se adelantará, pero nosotros también llegaremos!

El cielo una vez más ganará cuando un creyente parte a su cita con la eternidad. Mientras nosotros perdemos, el cielo gana. Mientras nosotros lloramos, el cielo ríe. Con la muerte se cierra el libro de la vida al concluir este último capítulo. Que por cierto dejará párrafos de fe y esperanza.

Con la muerte del creyente su barca anclará en el puerto seguro de la vida eterna. La fe es su ancla. La Palabra es su vela. El Espíritu Santo es su viento. Pero Jesucristo es su Capitán. ¡Llegará al puerto de su destino! ¡Todas sus cargas dejará atrás!

3. La muerte de Jesús

«... Y habiendo dicho esto, expiró» (Lc. 23:46). "...Después de decir esto, murió" (TLA).

Ante Jesús la puerta de la muerte se abre para dar entrada al misterio de la mortalidad; al paso del más allá y al cruce de una vida a la otra. Esta es una palabra que nos enseña a confiar y a vencer el miedo psicológico a la muerte. También nos enseña a valorizar la vida. Vivimos para morir y morimos para vivir.

Un amigo mío me expresaba ante la realidad inminente de su muerte: «Tengo miedo a dejar mi esposa, mis hijos, mis nietos... todavía no he completado el trabajo para lo cual me ha llamado el Señor Jesucristo».

Otro amigo mío, el Rvdo. Luis Ángel Collazo, al enfrentar la muerte decía: «Quiero morir con dignidad». Dios lo ayudó a cumplir ese deseo, murió dando ejemplo a todos nosotros.

Mi amigo Jaime Pérez, cuando le dije: «¿Jaime, te preocupa la muerte?». Mirándome a los ojos me respondió: «Kittim, a mi me preocupa la vida. Háblame de la vida. Ahora eso es lo más importante para mí».

El Hijo de Dios que se hizo Hijo de los hombres, tuvo que morir como el Cordero Pascual para el Padre Celestial. El día de su crucifixión coincidió con la Fiesta de la Pascua Judía, y la hora de su muerte coincidió con el sacrificio pascual. De esa manera a partir de aquel momento, los sacrificios de corderos caducaban con su muerte. Israel continuaría 40 años más con el ritual de los sacrificios, pero para Dios ya todo había sido consumado.

Mateo 27:50 declara: «Mas Jesús, habiendo otra vez clamado a gran voz, entregó el espíritu». Fue una entrega voluntaria la decisión de morir. Con eso nos representaba a todos los seres humanos y nos demostraba que su humanidad era real. Que lo humano de Él tenía que morir.

El testimonio de Marcos 15:37-39 declara: «Mas Jesús, dando una gran voz, expiró. Entonces el velo del templo se rasgó en dos, de arriba abajo. Y el centurión que estaba frente a él, viendo que después de clamar había expirado así, dijo: Verdaderamente este hombre era Hijo de Dios».

Con su muerte vicaria se abrió el acceso directo del cielo a la tierra. El velo del templo separaba el «Santo Santorum» del «Santorum», el lugar Santísimo del lugar Santo. Ahora el «Yom Kippur» o «Día de la Expiación» no sería una vez al año, sino todos los días.

En el Salmo 116:15 la Traducción En Lenguaje Actual lee: «Dios nuestro, a ti te duele ver morir a la gente que te ama. ¡Líbrame de la muerte, pues estoy a tu servicio!».

Al entregar Jesús su espíritu leemos: «Mas Jesús, habiendo otra vez clamado a gran voz, entregó el espíritu. Y he aquí, el velo del templo se rasgó en dos, de arriba abajo; y la tierra tembló, y las rocas se partieron; y se abrieron los sepulcros, y muchos cuerpos de santos que habían dormido, se levantaron; y saliendo de los sepulcros, después de la resurrección de él, vinieron a la santa ciudad, y se aparecieron a muchos» (Mt. 27:50-53).

«En ese momento, la cortina del santuario del templo se rasgó en dos, de arriba abajo. La tierra tembló, las rocas se partieron en dos, y las tumbas se abrieron. Los cuerpos de muchos hombres y mujeres justos que habían muerto resucitaron. Salieron del cementerio luego de la resurrección de Jesús, entraron en la santa ciudad de Jerusalén y se aparecieron a mucha gente» (NTV).

«En aquel momento, la cortina del templo se partió en dos, de arriba abajo, la tierra tembló y las rocas se partieron; las tumbas se abrieron, y muchos de los que confiaban en Dios y ya habían muerto, volvieron a vivir. Después de que Jesús resucitó, esas personas entraron en Jerusalén y mucha gente las vio» (TLA).

Los evangelios de Marcos y Lucas solo mencionan lo del velo rasgado. El evangelio de Juan omiten lo del velo rasgado: «Entonces el velo del templo se rasgó en dos, de arriba abajo» (Mc. 15:38). «Y el sol se oscureció, y el velo del templo se rasgó por la mitad» (Lc. 23:45). Par el evangelio de Mateo era importante mencionar el temblor de la tierra y lo de los sepulcros abiertos de los santos que resucitaron tres días después.

El término griego para «santos» es «hagios». ¿Quiénes eran estos «hagios»? No lo sabemos. Pudieron ser santos que habían fallecido recientemente. Pudieron haber sido santos del Antiguo Testamento. ¿Quiénes vieron resucitados a estos «hagios»? No lo sabemos. Pudieron haber sido los propios familiares si eran fallecidos recientes. ¿Cómo y cuando desaparecieron estos «hagios»? No lo sabemos. Pudieron haber regresado a los sepulcros que se les abrieron y a su estado antes de la resurrección. Pudieron haber ascendido al cielo con el Señor Jesucristo.

La muerte de Jesús produjo que el velo en el Templo de Jerusalén, que separaba el Lugar Santo del Lugar Santísimo, se rasgara de arriba hacia abajo. Demostrando que ya no era por esfuerzos humanos, que la separación de lo santo con lo santísimo había sido consumada. La entrada a la presencia de Dios estaba abierta. La tierra tenía acceso directo al cielo. Aquel velo representaba la muerte de Jesucristo.

La tierra tembló, las rocas se partieron, y los sepulcros se abrieron cuando Jesús entregó su vida en la cruz del Calvario. Las piedras frente a muchos sepulcros se movieron solas. Pero aquellos santos cristianos que quizá fueron recientemente sepultados (algunos creen que fueron santos importantes del Antiguo Testamento), resucitaron. Pero no salieron de sus sepulcros, sino hasta después que Jesús resucitó. Notemos la redundancia: «**muchos** cuerpos de santos que habían dormido, se levantaron« y «se aparecieron a **muchos**». ¡Muchos para muchos!

La profecía de Isaías 26:19 tuvo aquí un cumplimiento parcial: «Tus muertos vivirán; sus cadáveres resucitarán. ¡Despertad y cantad, moradores del polvo! porque tu rocío es cual rocío de hortalizas, y la tierra dará sus muertos».

El comentario de la Biblia de Jerusalén lee: «Esta resurrección de los justos del Antiguo Testamento es un signo de la era escatológica. Is. 26:19; Ez. 37; Dn. 12:2. Liberados del Hades por la muerte del Cristo, cf. Mt. 16:18, esperan ellos su resurrección para entrar con él en la Ciudad Santa, es decir, la Jerusalén celeste, Ap. 21:2, 10; 22:19, como lo entendieron ya los Padres antiguos. Tenemos aquí una de las primeras expresiones de la fe en la liberación de los muertos por el descenso de Cristo a los infiernos, cf. 1 P. 3:19» (Desclee de Brouwer, Bilbao, 1975).

¿Qué sucedió con esos santos resucitados? No sabemos absolutamente nada más sobre lo revelado en el pasaje bíblico. Tan pronto Jesús entregó su espíritu, ellos resucitaron, y aunque los sepulcros estaban abiertos, permanecieron allí hasta el domingo de la resurrección de Jesús. Fue entonces cuando salieron y fueron a Jerusalén, se pasearon y muchos los reconocieron. En realidad no se sabe quiénes fueron los que los vieron resucitados, si fueron familiares o amigos. No se sabe nada de las veces de sus apariciones.

Quizá volvieron a morir después de ser vistos resucitados por muchos en Jerusalén, y luego volvieron a sus sepulcros. Quizá vivieron mucho tiempo y fallecieron. Puede que al ser resucitados lo hicieron con cuerpos glorificados, y fueron traspuestos al cielo para estar con Cristo, y que de esta manera se sumaron a «Cristo, las primicias». Solo el evangelio de Mateo registra este acontecimiento. Comoquiera, este milagro es un signo del poder de la resurrección que acompañó al Mesías Resucitado.

Pablo de Tarso dijo: «Pero cada uno en su debido orden: Cristo, **las primicias**; luego los que son de Cristo, en su venida. Luego el fin, cuando entregue el reino al Dios y Padre, cuando haya suprimido todo dominio, toda autoridad y potencia» (1 Cor. 15:23-24).

Es probable que esos «**santos que resucitaron**», sean aquellos a los cuales hizo referencia el Apóstol Pablo, al decir «Cristo, **las primicias**, luego los que son de Cristo, en su venida».

El «Príncipe de los Predicadores», C. H. Spurgeon, predicando sobre «Los milagros a la muerte de Cristo", predicó de estos santos resucitados:

Después que los sepulcros habían sido abiertos, y las tumbas se habían resquebrajado, ¿qué siguió a continuación? *Se impartió la vida.* «Muchos cuerpos de santos que habían dormido, se levantaron». Ellos habían regresado al polvo; pero cuando tienen un milagro, este puede ser igualmente uno grandioso. Me sorprende que haya personas que puedan creer sin dificultad en un tipo de milagros, pero no acepten otros. Una vez que se tenga en cuenta la Omnipotencia, todas las dificultades cesan.

Así sucede con este milagro. Los cuerpos se reintegraron súbitamente, y allí estaban, completos y listos para levantarse. ¡Qué cosa tan maravillosa es la implantación de la vida! No hablaré de ella en un *hombre* muerto, sino que quiero hablar de ella en un *corazón* muerto. ¡Oh Dios, envía Tu vida a algún corazón muerto en este momento, mientras yo predico! Eso que da vida a las almas muertas es la muerte de Jesús. Mientras avistamos la expiación y vemos a nuestro Señor sangrando en lugar nuestro, el Espíritu divino obra en el hombre, y el aliento de vida es soplado en él. Él quita el corazón de piedra, y pone un corazón de carne que palpita con una nueva vida.

Ahora prosigamos, y ustedes verán que esas personas que recibieron la vida, a su debido tiempo *salieron de los sepulcros*. Está escrito que abandonaron sus tumbas. Por supuesto que lo hicieron. ¿Quiénes entre lo vivientes desearían permanecer en una tumba? Y ustedes, queridos lectores, si el Señor les da vida, no permanecerán en sus tumbas. Si ustedes han estado acostumbrados a ser fuertes bebedores, o sometidos a cualquier otro pecado que los aceche, ustedes lo dejarán; no sentirán ningún apego a su sepulcro. Si han vivido en compañía de impíos, y encontraban la diversión en lugares cuestionables, no se detendrán en sus tumbas. No tendremos necesidad de ir por ustedes para alejarlos de sus antiguas asociaciones. Ustedes mismos estarán ansiosos de alejarse de ellas.

Se nos informa, y con esto cierro esta maravillosa historia, que ellos fueron a la Ciudad Santa «*y aparecieron a muchos*». Esto es, algunos de los que habían sido levantados de los muertos, no lo dudo, aparecieron a sus esposas. ¡Qué rapto experimentarían cuando vieron de nuevo a su amado esposo! Puede ser que algunos de ellos aparecieran a su padre y su madre; y tampoco dudo que muchos padres y madres que resucitaron, aparecieran primero a sus hijos. (Sermón predicado el domingo 1 de abril de 1888, Tabernáculo Metropolitano, Newington, Londres).

Conclusión

Señor Jesús enséñanos como acercarnos al Padre celestial en los momentos más difíciles de la vida. Sepáranos del egoísmo, que subyuga nuestra voluntad y adormece nuestros sentimientos haciéndonos insensibles a lo que es real. Enseñarnos a entregarnos en los brazos del Padre celestial, depositando en Él nuestra fe, esperanza, y confianza.

16
La muerte de Esteban

Hechos 7:58-60, RV1960

«Y echándole fuera de la ciudad, le apedrearon; y los testigos
pusieron sus ropas a los pies de un joven que se llamaba Saulo.
Y apedreaban a Esteban, mientras él invocaba y decía: Señor Jesús,
recibe mi espíritu. Y puesto de rodillas, clamó a gran voz: Señor,
no les tomes en cuenta este pecado. Y habiendo dicho esto, durmió»

Introducción

En Hechos 7:58-60 se menciona la lapidación del primer mártir cristiano, llamado Esteban. En dicha narración se hace la primera mención en el pasaje leído a «un joven que se llamaba Saulo». Quien estaba presente ese fatídico día.

1. Las ropas de Esteban

«Y echándole fuera de la ciudad, le apedrearon; y los testigos pusieron sus ropas a los pies de un joven que se llamaba Saulo» (Hch. 7:58; RVR60).

El lugar donde fue lapidado. Los judíos no lapidaban ni ejecutaban a ningún violador de la Ley dentro de las murallas de la ciudad, sino que lo hacían fuera de las murallas. Según la tradición Esteban fue apedreado fuera de la Puerta de las Ovejas, conocida desde la época de Suleimán como la Puerta de los Leones por los cuatro leones que tiene en alto relieve. Para los cristianos es llamada la Puerta de san Esteban.

Dice Hebreos 13:12 de esta manera: «Por lo cual también Jesús, para santificar al pueblo mediante su propia sangre, padeció fuera de la puerta».

Jesús también fue crucificado fuera de la ciudad. Según una tradición evangélica desde el siglo XIX, en una cantera que está cercana a la Puerta de Damasco, Jesús fue crucificado y cerca sepultado en lo que se conoce como «El jardín de la tumba». Es llamado «Calvario de Gordon» por su descubridor y tiene forma de una calavera o cráneo humano y recuerda al nombre del que se le dio al lugar donde Jesús de Nazaret fue crucificado.

La tradición católica-romana, ortodoxa-griega, armenia, etíope, copta, entre algunas, identifican la crucifixión y sepultura con la Iglesia del Santo Sepulcro, señalada por la primera peregrina llamada santa Elena en el siglo IV. Lugares que para la época de la crucifixión de Jesucristo, estaban de igual manera fuera de la ciudad. Y está muy próxima a la Puerta de Jaffa.

De igual manera los creyentes estamos llamados a ser probados «fuera de la ciudad» como Esteban y a «padecer fuera de la puerta» como Jesucristo. Fuera del templo salimos para llevar el vituperio: «Salgamos, pues, a él, fuera del campamento, llevando su vituperio» (Heb. 13:13).

Debemos salir «fuera» llevando el desprecio y el rechazo a causa de nuestra fe evangélica. Si Jesús padeció por nosotros, también nosotros debemos padecer por Él. Para los mártires cuando la hora del martirio les llegaba, aunque muy tristes por esa gran prueba humana, era una manera honrosa de testificar su fe cristiana.

La misión de la iglesia es hacia fuera y no únicamente hacia dentro. Es una fuerza centrífuga hacia fuera con la evangelización y las misiones y no simplemente una fuerza centrípeta hacia dentro con el culto (oraciones, alabanza y adoración). De ahí es la asignación dada por Jesús a sus seguidores y por ende a la iglesia, mediante «la gran comisión» de «id» (RV-60). Que para muchos se ha transformado en la gran omisión «de quedaos».

«Pero él se acercó y les dijo: 'Dios me ha dado todo el poder para gobernar en todo el universo. Ustedes vayan y hagan más discípulos míos en todos los países de la tierra. Bautícenlos en el nombre del Padre, del Hijo y del Espíritu Santo. Enséñenles a obedecer todo lo que yo les he enseñado. Yo estaré siempre con ustedes, hasta el fin del mundo'» (Mt. 28:18-20, TLA).

En Getsemaní, Jesús lloró por tercera vez, previo a su arresto para ser sentenciado y crucificado: «Y Cristo, en los días de su carne, ofreciendo ruegos y súplicas con gran clamor y lágrimas al que le podía librar de la muerte, fue oído a causa de su temor reverente» (Heb. 5:7).

Llevar la cruz de Cristo no es una vergüenza, es una gloria. De esa manera lo vieron aquellos mártires del siglo I y el siglo II. Pedro fue crucificado con la cruz invertida porque no se sintió digno de ser crucificado como su Maestro.

Pedro de Alejandría, obispo en la ciudad que le da su apellido, que posiblemente murió por el año 311, declaró sobre la muerte del apóstol Pedro: «Pedro, el primero de los apóstoles, habiendo sido apresado a menudo y arrojado a la prisión y tratado con ignominia, fue finalmente crucificado en Roma».

Eusebio de Cesarea dijo que Pedro: «Fue crucificado con la cabeza hacia abajo, habiendo él mismo pedido sufrir así». Interesante que la profecía de Jesús acerca de la muerte de Pedro, solo se refiere a una muerte como mártir y no a la muerte por crucifixión. Pedro sería conducido a la muerte y aceptaría la misma para dar un testimonio glorioso acerca de Jesús. Ser crucificado con la cruz invertida era morir mirando al cielo.

Andrés, al igual que su hermano Pedro, a quién trajo hasta Jesús, tuvo la gloria de la crucifixión. Él fue crucificado en una cruz en forma de X, con los brazos y las piernas extendidas. Símbolo del que abraza con los brazos del evangelio y se mueve con las piernas del evangelio.

Nosotros somos llamados a llevar espiritualmente la cruz de la negación propia. Mas que llevar una cruz colgada al cuello o ponerla en una pared, nosotros debemos cargarla cada día y ser crucificados en ella juntamente con Cristo. ¡Tenemos que vivir un discipulado de crucifixión! ¡Tenemos que ser entrenados en una vida de crucifixión.

«Luego Jesús les dijo a sus discípulos: 'Si ustedes quieren ser mis discípulos, tienen que olvidarse de hacer su propia voluntad. Tienen que estar dispuestos a cargar su cruz y a hacer lo que yo les diga. Si sólo les preocupa salvar su vida, la van a perder. Pero si deciden dar su vida por mi causa, entonces se salvarán. De nada sirve que una persona gane en este mundo todo lo que quiera, si al fin de cuentas pierde su vida. Y nadie puede dar nada para salvarla. Porque yo, el Hijo del hombre, vendré pronto con el poder de Dios y con mis ángeles, para darles su premio a los que hicieron el bien y para castigar a los que hicieron el mal. Les aseguro que algunos de ustedes, que están aquí conmigo, no morirán hasta que me vean reinar'» (Mt. 16:24-28, TLA).

«En realidad, también yo he muerto en la cruz, junto con Jesucristo. Y ya no soy yo el que vive, sino que es Jesucristo el que vive en mí. Y ahora vivo gracias a mi confianza en el Hijo de Dios, porque él me amó y quiso morir para salvarme» (Gal. 2:20, TLA).

Las ropas que tenía. Aquellas «ropas» de Esteban (su manto y su túnica), fueron arrojadas a los pies del joven Saulo, por los testigos manipulados en contra de aquel diácono helenizante de la iglesia judeo-cristiana. La mala justicia se disfraza como buena justicia para manifestar sus pretensiones de justicia.

113

Aquellas «ropas» fueron una señal profética del martirio futuro que luego caería sobre Pablo de Tarso. Este testimonio de las «ropas» de Esteban, Pablo de Tarso nunca lo dio. Pero de seguro, en alguna conversación privada con el médico Lucas, compartió aquel recuerdo. Y Lucas, años después, vio la importancia de registrarlo en su libro de Hechos.

La palabra griega para joven es «neamías» y puede significar un joven de entre 25 a 40 años de edad. Saulo de Tarso tendría cerca de 30 a 35 años. Probablemente nació en el año 8 de la era cristiana, en el año 2008 la Iglesia Católica Romana celebró el «Año Paulino» de los dos milenios del nacimiento del Apóstol de los Gentiles. Es probable que Lucas emplease dicho término para también dejar ver la falta de madurez y de sabiduría espiritual en Saulo.

Dios habla por señales proféticas. El manto de Elías sobre Eliseo fue una señal profética del llamado a Eliseo:

Elías se fue de allí y encontró a Eliseo hijo de Safat. Eliseo estaba arando su tierra con doce pares de bueyes. Él iba guiando la última pareja de bueyes. Cuando Eliseo pasó por donde estaba Elías, éste le puso su capa encima a Eliseo, y de esta manera le indicó que él sería profeta en lugar de él (1 R. 19:19, TLA).

El manto que se le cayó a Elías y lo recogió Eliseo fue otra señal profética de que Eliseo era confirmado como el sucesor de Elías.

Eliseo, viendo lo que pasaba, se puso a gritar: «¡Padre mío, padre mío, carro y fuerza conductora de Israel!». Pero no volvió a verlo. Entonces agarró su ropa y la rasgó en dos (2 R. 2:12, NVI).

Luego recogió el manto que se le había caído a Elías y, regresando a la orilla del Jordán, golpeó el agua con el manto y exclamó: «¿Dónde está el Señor, el Dios de Elías?». En cuanto golpeó el agua, el río se partió en dos y Eliseo cruzó (2 R. 2:13-14, NVI).

Los profetas de Jericó, al verlo, exclamaron: «¡El espíritu de Elías se ha posado sobre Eliseo!». Entonces fueron a su encuentro y se postraron ante él, rostro en tierra (2 R. 2:15, NVI).

Pero antes de que Saulo de Tarso llegara a entender y a aceptar que era uno de los elegidos por el Señor Jesucristo para continuar la misión evangelizadora de Esteban, pasarían algunos años dando «coces contra el aguijón». Pero ya el

Espíritu Santo lo tenía en la mirilla y Jesucristo personalmente tendría que tratar con él.

Por ahí andan muchos huyéndole a Jesucristo, actuando como sus enemigos, aplaudiendo las malas acciones del mundo, pero Jesucristo ya los está velando. La red del evangelio se está abriendo para ellos. Tarde o temprano tendrán que venir humillados para ser salvados por el Salvador Jesucristo.

Aquellas eran las «ropas» de la futura elección como apóstol y misionero para un Saulo de Tarso que vivía su presente, pero ya Jesucristo le tenía marcado su futuro. Eran las ropas del martirio que algún día con honor Saulo de Tarso llevaría como testimonio ante el verdugo romano.

2. La invocación de Esteban

«Y apedreaban a Esteban, mientras él invocaba y decía: Señor Jesús, recibe mi espíritu» (Hch. 7:59).

El nombre *Esteban* es una traducción al castellano del nombre griego Στέφανος «Stéphanos» y significa «corona». Y encaja proféticamente con su testimonio como mártir. Esteban fue uno de los siete diáconos judeo-helenistas o judíos de habla griega, seleccionados para «servir a las mesas» de los pobres (Hch. 6:5). Se perfiló como profeta predicador carismático.

Esteban expresó el discurso más extenso del libro de los Hechos, que abarcaría los tres discursos de Pablo de Tarso en el libro de los Hechos, y cubre 52 versículos bíblicos. Ese discurso de Esteban menciona a Abraham, Isaac, Jacob, los doce príncipes de los hebreos, a José y la hambruna de la tierra, la salida del pueblo hebreo de Egipto por intermedio de Moisés y el peregrinaje del desierto. Y eso demuestra como el Espíritu Santo lo inspiró para predicar.

Esteban mientras era martirizado tomó prestados elementos de la primera palabra y de la última palabra, oraciones que su Salvador Jesucristo expresó al Padre Celestial desde el patíbulo del Calvario.

En la primera palabra Jesús oró: «Poco después, Jesús dijo: '¡Padre, perdona a toda esta gente! ¡Ellos no saben lo que hacen!'. Mientras los soldados hacían un sorteo para ver quién de ellos se quedaría con la ropa de Jesús» (Lc. 23:34, TLA).

En la séptima palabra Jesús oró: «Jesús gritó con fuerza y dijo: '¡Padre, mi vida está en tus manos!'. Después de decir esto, murió» (Lc. 23:46, TLA).

La oración del mártir judeo-helenista fue: «Mientras le tiraban piedras, Esteban oraba así: 'Señor Jesús, recíbeme en el cielo'. Luego cayó de rodillas y gritó con todas sus fuerzas: 'Señor, no los castigues por este pecado que cometen conmigo'. Y con estas palabras en sus labios, murió» (Hch. 7:59-60, TLA).

Ambas oraciones del Mesías Jesús, Esteban las hizo muy propias y personales. Esteban entregó al cuidado eterno del «Señor Jesús» que descendió y ascendió, el cuidado de su alma-espíritu. Esteban es el protomártir de los mártires cristianos, el primero que con su sangre bañaría el campo de la evangelización. Con esa sangre de los mártires se humedecieron los surcos donde era plantada la semilla del evangelio.

El proto-mártir Esteban fue apedreado a las afueras de lo que hoy se conoce como «La Puerta de los Leones» (por el diseño de cuatro leones sobre el arco superior de la entrada) en el lado este de la muralla. La tradición cristiana ortodoxa la llama «La Puerta de San Esteban». Cuando se entra por la misma se llega al «Estanque de Betesda» y a la Iglesia de Santa Ana en el Barrio Cristiano.

En la iconografía católica, anglicana y ortodoxa, se presenta a Esteban con tres piedras, dos piedras sobre sus hombros y una piedra sobre su cabeza y en su mano derecha un libro y en la izquierda la palma del martirio. La iconografía oriental se presenta con una iglesia o un incensario en su mano. En la Iglesia Ortodoxa, con el monasterio en el valle de Cedrón cerca de la Puerta de San Esteban, se venera el lugar de la lapidación de Esteban.

La meta de todo creyente es la de algún día poder entregar en las manos del Amado su alma-espíritu. La vereda de la Iglesia está marcada en rojo por la sangre del Cordero-Hombre. Del Génesis al Apocalipsis fluye un río rojo de la sangre del Cordero Mesías.

Esteban terminó su discurso con estas palabras: «Pero como Esteban tenía el poder del Espíritu Santo, miró al cielo y vio a Dios en todo su poder. Al lado derecho de Dios estaba Jesús, de pie. Entonces Esteban dijo: 'Veo el cielo abierto. Y veo también a Jesús, el Hijo del hombre, de pie en el lugar de honor'» (Hch. 7:55-56, TLA).

El poder de Esteban: «Esteban tenía el poder del Espíritu Santo, miró al cielo y vio a Dios en todo su poder». El Espíritu Santo el gran 'empoderizador' de la iglesia de Hechos, fue el poder que abrió el cielo para Esteban para ver «a Dios en todo su poder».

La visión de Esteban: «... Al lado derecho de Dios estaba Jesús, de pie». Tuvo una visión de Jesús, el Hijo de Dios, en su estado de gloria, a la derecha de Dios el Padre. Es como si el Jesús entronizado se hubiera levantado para recibir al mártir Esteban.

El testimonio de Esteban: «Veo el cielo abierto. Y veo también a Jesús, el Hijo del hombre, de pie en el lugar de honor». No se sabe nada de si Esteban pudo haber visto a Jesús resucitado aquí en la tierra, pero lo vio resucitado como «Hijo del hombre», levantado en un sitial de honor, disfrutando aquella gloria eterna que su encarnación le interrumpió, pero que su resurrección y ascensión le devolvió.

Tú y yo podemos tener una visión de cielos abiertos, de ver la gloria de Jesús manifestada en las reuniones congregacionales y en los devocionales personales. Ora, adora y alaba para que los cielos se abran para ti. ¡Vivimos en tiempos de cielos abiertos!

3. La oración de Esteban

«Y puesto de rodillas, clamó a gran voz: Señor, no les tomes en cuenta este pecado. Y habiendo dicho esto, durmió» (Hch. 7:60).

La posición de la oración. Esteban oró arrodillado. Jesús el Mesías le había enseñado a sus discípulos a orar de rodillas. Esteban que era la segunda generación de creyentes judeocristianos, aprendió a orar de rodillas. Lo tradicional para el judío era y es orar de pie o sentado. Pero en la tradición cristiana modelada por el mismo Señor Jesucristo, la oración de rodillas representa humillación, rendición y reverencia. Pero sea que oremos sentados, oremos de pie, oremos acostados, oremos caminando, lo importante es que oremos.

El contenido de la oración. En esta parte de su oración Esteban, tomó prestado el contenido de la oración de Jesús el Mesías en el Calvario. Como su Señor hizo, Esteban emuló su gran ejemplo perdonando. Los mártires cristianos a lo largo de los siglos, morirían regando el rocío del perdón a sus verdugos.

El «Padre, perdónalos porque no saben lo que hacen», dicho por su Maestro, Esteban lo parafraseó por «Señor, no les tomes en cuenta este pecado». Dijo lo mismo pero con diferentes palabras.

Perdonar es el máximo acto de amor que un creyente puede hacer. Perdonar es el sermón más elocuente que se pueda predicar. El perdón produce más beneficios al que lo ofrece que al que lo recibe. Perdonamos aunque seamos los ofendidos. Perdonamos para ser sanados interiormente de resentimientos, venganzas, odio, mala voluntad y malos deseos hacía el prójimo. Perdonar produce sanidad interior.

Cuando alguien me ofende, ofende a Dios y se pone en la posición del pecador. Cuando yo ofendo a alguien, ofendo a Dios y me pongo en la posición del pecador. Cuando no perdono al ofensor, me pongo en la posición del pecador. Cuando el ofensor no me perdona a mí, se pone en la posición del pecador. ¡Vale la pena perdonar!

Conclusión

El perdonar trae beneficios al que lo expresa, se aplica al ofensor y beneficia al ofendido. Jesús y Esteban vieron la ignorancia de aquellos que los maltrataban. Primero no ofendas y segundo perdona.

17
La muerte de Pedro

Juan 21:18, 19, RV1960

*«De cierto, de cierto te digo: Cuando eras más joven, te ceñías, e ibas a
donde querías; mas cuando ya seas viejo, extenderás tus manos, y te ceñirá otro,
y te llevará a donde no quieras. Esto dijo, dando a entender con qué muerte
había de glorificar a Dios. Y dicho esto, añadió: Sígueme»*

Introducción

El intrépido y sanguíneo Pedro fue preparado por el Señor Jesucristo, para
que supiera que a él también le llegaría aquel tiempo de ser más viejo y finalmente de tener que ser ceñido por otro que le llevaría a la misma muerte
como mártir.

1. La vida pasada de Pedro

«De cierto, de cierto te digo: Cuando eras más joven, te ceñías, e ibas a
donde querías...» (Jn. 21:18).

El Señor Jesucristo le estaba diciendo a Pedro que cuando él era más joven,
él tenía control de su vida. Iba a donde quería y cuando quería. Controlaba su
propia vida, se daba cuentas así mismo.

Nosotros de igual manera en los años más jóvenes, decidíamos muchas cosas
con nuestras vidas. Decidimos cuando dejar el hogar materno y paterno. Decidimos con quién y cuándo nos casamos. Decidimos qué carrera escogeríamos.

Joven que me escuchas, tomarás muchas decisiones con tu vida. Puede que
unas sean correctas y otras sean incorrectas. Las consecuencias de tus decisiones

serán tuyas. Pero recuerda que ante Dios serás responsable por cada una de ellas. Hoy controlas tu vida, pero mañana alguien controlará tu vida.

A todos nosotros nos llegará ese día que pensaremos cuando éramos más jóvenes. Y tendremos que evaluar qué hicimos con nuestra juventud, si la invertimos bien o si la invertimos mal.

Como lo expresó Qohelet: «No dejes que la emoción de la juventud te lleve a olvidarte de tu Creador. Hónralo mientras seas joven, antes de que te pongas viejo y digas: La vida ya no es agradable» (Ecl. 12:1, NTV).

2. La vida futura de Pedro

«... mas cuando ya seas viejo, extenderás tus manos, y te ceñirá otro, y te llevará a donde no quieras...» (Jn. 21:18).

Pero el Señor Jesucristo también le decía a Pedro que llegaría a viejo. La persona joven puede timonear su vida, pero la persona vieja tiene su vida timoneada por otras personas.

Hoy día nos encontramos con una generación más libertina que la de los «hippies» de mediados de los 60 y principios de los 70. Es la generación de una cultura que ha promovido su estilo de vida. La generación que ha coqueteado con los políticos y estos les han promovido leyes para legalizar su conducta social.

Muchos políticos viven una hipocresía de principios y valores, son amorales, son anti-familia, son anti-Cristo. ¡Pero un día, si es cierto lo que dice la Biblia, y lo que decimos creer, tendrán que enfrentar el juicio del gran trono blanco.

A la persona mayor no se le debe empujar a soltar las riendas de su vida, mientras él o ella tengan bien sus facultades mentales o todavía gocen de buena salud. Los mayores muchas veces sienten asaltados sus derechos, cuando los más jóvenes los hacen presos de sus caprichos e imposiciones.

A muchos más viejos los ciñen en su voluntad y en sus emociones. No toman en cuenta sus gustos, sus opiniones y sus aportaciones como ser humano. Todo se lo quieren quitar. Los confinan a sus hogares y departamentos.

Don José Hernández escribió en su Martín Fierro unas líneas que le dedicó a los ancianos y que ilustró con la cigüeña: «La cigüeña cuando es vieja pierde la vista y procuran cuidarla en su edad madura todas sus hijas pequeñas. Aprendan de las cigüeñas este ejemplo de ternura».

Si Jesucristo nos ayuda, llegaremos a ese puerto de la vida llamado vejez. Allí anclaremos nuestra averiada embarcación. Nos pasearemos por ese muelle de la vida. Y esperaremos el día para zarpar al puerto del cielo.

3. La muerte de Pedro

«Esto dijo, dando a entender con qué muerte había de glorificar a Dios. Y dicho esto, añadió: Sígueme» (Jn. 21:19).

Para la época en que Juan había escrito su evangelio, ya corría la noticia de que Jesús, en las palabras anteriores, había anunciado la muerte de cruz de Pedro. Es decir, que con su muerte como mártir Pedro glorificó a su Maestro. Fue una muerte gloriosa. De ahí para aquellos creyentes primitivos la muerte de los mártires.

Pedro de Alejandría, obispo en esa ciudad, que posiblemente murió por el año 311, declaró: «Pedro, el primero de los apóstoles, habiendo sido apresado a menudo y arrojado a la prisión y tratado con ignominia, fue finalmente crucificado en Roma».

Eusebio De Cesarea dijo que Pedro: «Fue crucificado con la cabeza hacia abajo, habiendo él mismo pedido sufrir así». Interesante que la profecía de Jesús acerca de la muerte de Pedro, solo se refiere a una muerte como mártir y no a la muerte por crucifixión. Pedro sería conducido a la muerte y aceptaría la misma para dar un testimonio glorioso acerca de Jesús.

Charles Haddon Spurgeon hablando de aquel día de su muerte, dijo lo siguiente: «Espera un poco amado. En unos cuantos años más tú y yo iremos a través de los cielos en las alas de los ángeles. Cuando yo muera, los ángeles se acercarán. Estoy en las alas de los querubines. ¡Oh, cómo me sostienen y me llevan con rapidez y, sin embargo, cuán suavemente. He dejado la mortalidad con todos sus dolores. ¡Oh, cuán rápido es mi vuelo! Acabo de pasar la estrella de la mañana. Muy por detrás de mí ahora los planetas brillan. Oh, con qué rapidez puedo volar, y cuán dulcemente! ¡Querubines! ¡Qué vuelo dulce es el suyo! Y en mi camino me besará con besos de amor y afección. Ustedes me llaman hermano. Querubines, ¿soy yo su hermano? Yo, que sólo ahora estaba cautivo en una vivienda de barro, ¿soy tu hermano? ¡Sí!, dicen. ¡Oh, escuchad, escucho música extrañamente armoniosa! ¡Qué dulces sonidos han llegado a mis oídos! Estoy a punto del Paraíso. ¿Se acercan espíritus con cantos de alegría? ¡Sí!, dicen. Y antes de que pueda contestar, he aquí que viene, un convoy glorioso. Cojo una vista de ellos, ya que están realizando una gran crítica a las puertas del Paraíso. Y ahí está la puerta de oro. Entro y veo a mi Señor bendito. No les puedo decir nada más. Todo lo demás son cosas ilegales de carne para pronunciar. ¡Señor! Yo estoy contigo –me hundí en ti– perdido en ti así como una gota de ingestión en el océano, como un tinte solo se pierde en el arco iris glorioso. ¡Estoy perdido en ti, tú glorioso Jesús! Y es mi felicidad consumada. ¿El día de la boda viene por fin? ¿De verdad he sido puesto en las prendas de matrimonio? ¿Y yo soy tuyo? ¡Sí! Lo soy».

Allan Román escribió este comentario acerca de la muerte del «Príncipe de los Predicadores», Charles Haddon Spurgeon, que me permito transcribir:

«El 20 de Enero de 1892, Spurgeon salió a dar su último paseo en Menton. Por la noche, se quejó de dolor en la mano, y a la mañana siguiente, de un severo dolor de cabeza, que, dijo, le dolía al mismo nivel que le atormentó al comienzo de su seria enfermedad en el verano. Spurgeon hizo en ese momento varios comentarios significativos a su secretario, el señor Harrald, tales como: 'Mi obra ha concluido', indicando que sabía que su fin se aproximaba. Durante los siguientes días estuvo inconsciente casi todo el tiempo, hasta que expiró el día 31 de Enero de 1892. Su viuda oró con el pequeño grupo que la acompañaba, dándole gracias a Dios por el tesoro que le había prestado por tanto tiempo, y pidiéndole fortaleza y ayuda. Posteriormente mandó un telegrama a su hijo 'Tom', diciéndole: 'Tu padre en el cielo. Tu madre resignada'».

Se cuenta de Dwight L. Moody, el famoso evangelista de Chicago, que despertando del sueño poco antes de morir dijo: «La tierra se aleja. El cielo se abre delante de mí. Si esta es la muerte, ¡es dulce! No hay valle aquí. Dios me está llamando, y me tengo que ir».

«No, no, Padre, dijo el hijo de Moody, estás soñando; no estoy soñando, respondió Moody. He entrado por las puertas. He visto las caras de los niños. Sus últimas palabras fueron: Este es mi triunfo; ¡Este es el día de mi coronación! ¡Es glorioso!».

Aquel día de la muerte, si tenemos la oportunidad de estar en control de la misma, que nos llegará a todos los mortales (a no ser que Jesucristo levante la Iglesia, y por la transformación del cuerpo libre a muchos creyentes), será una gran oportunidad de testificar a otros de nuestra fe cristiana.

Con la muerte se glorifica a Jesucristo. Aún en el funeral, muchos sabrán que amamos al Salvador y que vivimos para Él. Y aun después de ser enterrados, se dirá que la muerte fue una liberación para nosotros.

Qohelet expresó el final de la vida así: «Acuérdate de él antes de que tengas miedo de caerte y te preocupes de los peligros de la calle; antes de que el cabello se te ponga blanco como un almendro en flor y arrastres los pies sin energía como un saltamontes moribundo, y la alcaparra ya no estimule el deseo sexual. Acuérdate de él antes de que te falte poco para llegar a la tumba –tu hogar eterno– donde los que lamentan tu muerte llorarán en tu entierro. Sí, acuérdate de tu Creador ahora que eres joven, antes de que se rompa el cordón de plata de la vida y se quiebre la vasija de oro. No esperes hasta que la jarra de agua se haga pedazos contra la fuente y la polea se rompa en el pozo. Pues ese día el polvo volverá a la tierra, y el espíritu regresará a Dios, que fue quien lo dio» (Ecl. 12:5-7, NTV).

Conclusión

Entre la etapa de la juventud y la etapa de la vejez, hay un paréntesis llamado la etapa de la edad media, es el puente que nos cruza de una a la otra. Lo que hagamos mientras cruzamos determinará lo que seremos al final.

18
La muerte de Pablo

2 Timoteo 4:6-8, RV1960

«Porque yo ya estoy para ser sacrificado, y el tiempo de mi partida está cercano.
He peleado la buena batalla, he acabado la carrera, he guardado la fe. Por lo demás,
me está guardada la corona de justicia, la cual me dará el Señor, juez justo,
en aquel día; y no solo a mí, sino también a todos los que aman su venida»

Introducción

Pablo de Tarso nos enseñó cómo vivir la vida cristiana y cómo morir como cristianos. La muerte del cristiano es una celebración, es una graduación, es una transformación.

1. La revelación de su muerte

«Porque yo ya estoy para ser sacrificado, y el tiempo de mi partida está cercano» (2 Tim. 4:6).

La Traducción En lenguaje Actual rinde: «Ya falta poco para que yo muera, y mi muerte será mi ofrenda a Dios» (2 Tim.4:6 TLAD).

Pablo de Tarso estaba en su segundo aprisionamiento en Roma. Allí sintió en su espíritu la proximidad de su muerte. Pero la esperaba como un buen soldado de la cruz.

El veía el día de su muerte como un día glorioso. Sabiendo que moriría como un mártir, él se veía asimismo como un sacrificio para Dios. Se consideraba una «ofrenda a Dios» al dar su vida en testimonio por el evangelio de Jesucristo.

Los creyentes primitivos aprendieron al ver, ser testigos y oír sobre la muerte de sus hermanos, que valía la pena el ser un sacrificio para Dios. Al llegar ese día se llenaban de valor y con aplomo enfrentaban el monstruo de la muerte.

En Hebreos 12:1 leemos: «Por tanto, nosotros también, teniendo en derredor nuestro tan gran nube de testigos, despojémonos de todo peso y del pecado que nos asedia, y corramos con paciencia la carrera que tenemos por delante».

Alfonso Ropero en su libro «Mártires y Perseguidores» demuestra con testimonios fehacientes como la gran mayoría de cristianos en la roma imperial, veían la muerte del martirio como una oportunidad y un privilegio de dar público testimonio acerca de Jesucristo. La palabra «mártir» viene del griego «martur», que significa «testimonio».

Pablo de Tarso veía el día de su muerte como un tiempo ya cercano. Lo esperaba y estaba preparado para el mismo. Ese era un camino sin retroceso. Era ponerse el uniforme de la fe y desfilar ante aquellos que lo mirarían.

Todos debemos prepararnos y estar preparados para ese tiempo cercano de la muerte. La cual puede estar más cercana de lo que podamos imaginar. ¡Disfrutemos la vida, pero no ignoremos la muerte! El que disfruta la vida en Jesucristo disfrutará en la muerte con Jesucristo.

2. La realización ante su muerte

«He peleado la buena batalla, he acabado la carrera, he guardado la fe» (2 Tim. 4:7).

La Traducción En lenguaje Actual rinde: «He luchado por obedecer a Dios en todo, y lo he logrado; he llegado a la meta, y en ningún momento he dejado de confiar en Dios» (2 Tim. 4:7 TLAD).

Pablo de Tarso se sentía totalmente realizado para enfrentar la hora de la muerte. No tenía nada de que lamentarse o de que sentirse que no había cumplido en su vida como ser humano.

Lo más triste para cualquier ser humano ante la guadaña de la muerte, es darse cuenta que no ha peleado la batalla de la vida, que no ha llegado a la meta de la carrera, y peor aún, que no guardó la fe. Guardó muchas cosas para la vida presente, pero no guardó la fe en Jesucristo, en su Palabra y en sus promesas.

Para el creyente la muerte es la «buena batalla» de la fe, la batalla de la esperanza. Esta es la batalla donde perdiendo se gana. Es la batalla donde muriendo se vivirá.

El ser humano sin Jesucristo morirá como una pobre criatura que nunca preparó sus maletas o valijas para ese viaje seguro a cualquiera de los dos destinos de la eternidad. Ese tren de la vida eterna es sin paradas, solo puede hacer una parada, no dos paradas. Unos se quedarán en una estación de vida eterna y otros en la otra estación de muerte eterna.

Es acabar la carrera de la vida. Esa carrera que comenzamos el mismo día que nacimos. Esa carrera la correremos todos los días, hasta que por fin llegue ese día final y alcancemos esa meta de la vida eterna.

Pero en la batalla y en la carrera de la vida tenemos que guardar la fe. Muchos que un día recibieron esa fe en Jesucristo, en esa batalla y en esa carrera, la perdieron, y llegaron al final de sus vidas batallando en vano y corriendo en vano, porque en algún momento por descuido, orgullo, por falta de tiempo, perdieron la fe.

3. La graduación en su muerte

«Por lo demás, me está guardada la corona de justicia, la cual me dará el Señor, juez justo, en aquel día; y no solo a mí, sino también a todos los que aman su venida» (2 Tim. 4:8).

La Traducción en Lenguaje Actual rinde: «Sé que Dios es un juez justo y que, cuando juzgue a todos, me dará una corona como premio a mi obediencia. Y no sólo a mí me la dará, sino también a todos los que esperan con ansias su regreso» (2 Tim. 4:8, TLAD).

Más allá de la muerte que Pablo de Tarso experimentaría por decapitación, como derecho de un ciudadano romano, este gladiador de la fe cristiana, veía la muerte como el camino al día glorioso de su graduación con «la corona de la justicia». Ese sería el día de la gran coronación para él, como ya antes lo había sido para muchos mártires.

Es muy probable que Pablo de Tarso recordara muchas veces en su mente el momento del martirio de Esteban el diácono, oyéndolo expresar sus palabras finales:

Y apedreaban a Esteban, mientras él invocaba y decía: Señor Jesús, recibe mi espíritu. Y puesto de rodillas, clamó a gran voz: Señor, no les tomes en cuenta este pecado. Y habiendo dicho esto, durmió (Hch. 7:59, 60).

La esperanza que Pablo de Tarso tenía en la resurrección, de la cual Jesús de Nazaret fue el epítome de la misma, lo animaba a enfrentar el martirio con valor, con decisión y con templanza. Él estaba listo para que lo peor se transformara en lo mejor. La muerte con los dolores que la acompañarían, sería algo muy rápido para experimentar así el gozo celestial.

Mi padre acostumbra decir: «Que alguien se murió no es noticia, pero cuándo y cómo se murió, sí es noticia». En la Universidad de la Vida, uno se gradúa con el diploma de la muerte y con el título de la vida eterna.

Los creyentes, aquí en la tierra, somos miembros puestos a prueba, pero el día que lleguemos al cielo seremos miembros de plena membresía. En cada culto ensayamos lo que será la actuación en el cielo.

En la muerte de un ser querido o amigo podemos decir: ¡Buenas noches! Pero en el cielo le dirán: ¡Buenos días! Allí ya no habrá noche.

Conclusión

Un día llegaremos al final de nuestra jornada humana. La inversión que hagamos en Jesucristo, repercutirá en intereses y ganancias para la eternidad. Con la muerte conquistaremos la vida eterna. La muerte que no tiene sentido, tendrá sentido para la eternidad. Se muere para resucitar en esperanza de vida.

SEGUNDA PARTE
El luto

19
El luto de Jacob

Génesis 37:34, RV1960

«Entonces Jacob rasgó sus vestidos, y puso cilicio sobre
sus lomos, y guardó luto por su hijo muchos días»

Introducción

Génesis 37:1-36 se enfoca en la vida de José el penúltimo hijo de Jacob, hermano de madre de Benjamín, de cuyo parto murió Raquel. A los diecisiete años, José apacentaba ovejas con su hermanos, hijos de Bilha y Zilpa (Gen 37:2).

Jacob le obsequió una túnica de colores que provocó rechazo hacia él por sus hermanos (Gn. 37:3-4). José tuvo dos sueños que provocaron la envidia entre sus hermanos (Gn. 37:5-11).

Estando pastoreando ovejas los hermanos de José, Jacob envió a José para ver cómo estaban pues estos se habían ido a un lugar llamado Dotán, y él se fue tras ellos (Gn. 37:5-17). Al ellos verlo decidieron matarle, para matarle sus sueños (Gn. 37:18-20). Rubén, el primogénito de Jacob, lo libró de matarlo, José fue echado en una cisterna, después de quitarle la túnica de colores (Gn. 37:21-23). Mientras comían pan, vieron una caravana comercial de ismaelitas, y Judá propuso vendérselo como esclavo (Gn. 37:24-28).

Rubén regresó a la cisterna para librar a José, y no lo halló, preguntó por él sin respuesta (Gn. 37:29, 30). La túnica de José, la mojaron en sangre de cabrito, la llevaron a Jacob, que reconoció la misma y guardo luto llorando desconsoladamente (Gn. 37:31-35). José fue vendido a un capitán de la guardia de Faraón (Gn. 37:36).

1. El aborrecimiento contra José

«Y viendo sus hermanos que su padre lo amaba más que a todos sus hermanos, le aborrecían, y no podían hablarle pacíficamente» (Gn. 37:3).

«Esta es la historia de la familia de Jacob: José, siendo de edad de diecisiete años, apacentaba las ovejas con sus hermanos; y el joven estaba con los hijos de Zilpa, mujeres de su padre; e informaba José a su padre la mala fama de ellos» (Gn. 37:2).

Decía mi amigo, ahora fallecido, Evangelista Jaime Cardona: «Sin historia, no hay gloria». Esa es una gran verdad. Detrás de cada triunfo, ha habido una vida de luchas. No se llega a la cima sin antes haber estado en la sima.

A los diecisiete años, José cuidaba las ovejas con sus hermanos Dan y Neftalí, hijos de Bilha; y con Gad y Aser hijos de Zilpa; y José informaba a su padre Jacob de la mala conducta de estos hermanos (Gn. 37:2). ¡Era el informante de su padre! ¡El soplón de la familia como algunos podrían llamarle! Pero la realidad y la gran verdad, era que José era un joven de convicciones, de una moral alta, de principios del reino de Dios en su vida. A su padre Jacob denunciaba toda mala conducta que por parte de sus hermanos él pudiera ver. Era los ojos y los oídos del padre. Hoy día se necesitan creyentes con el corazón de José, que denuncien la mala conducta de otros.

«… y amaba Israel a José más que a todos sus hijos, porque lo había tenido en su vejez...» (Gn. 37:3). Jacob no disimulaba el amor que le tenía a José, y lo ilustró regalándole una túnica de colores (Gn. 37:3).

La versión Reina Valera declara que era «... una túnica de diversos colores». La Biblia Textual por su parte traduce como «... una túnica con rayas de colores». En La Nueva Biblia Latinoamérica se lee: «... y le había hecho una túnica con mangas». En la Biblia Peshita se rinde: «... una túnica con mangas largas». La versión Dios Habla Hoy lee: «... una túnica elegante».

Estas diferencias se deben a la ambigüedad del texto hebreo. Pero de todas maneras se alude a una pieza de vestir por encima, que era distintiva y reflejaba la predilección de Jacob por José. Esta pieza distintiva, bien pudo ser simbólica de la primogenitura que ya Jacob acariciaba para José en substitución de Rubén su primogénito, que había mancillado su lecho al acostarse con su Bilha la concubina de Jacob (Gn. 35:22).

El amor de Israel por José provocó el rechazo de sus hermanos contra él (Gn. 38:4). A Jacob que fue víctima de la falta de amor por su padre Isaac, también le faltó dar más amor a sus hijos, pero no a José. Muchas de las cosas que se experimentan en la niñez tienden a repetirse en la vida ya de adultos.

José tuvo un sueño donde vio a unos manojos de sus hermanos inclinarse ante él que estaba derecho (Gn. 37:5-7). Sus hermanos rechazaron este sueño (Gn. 37:8). En otro sueño José vio el sol, la luna y once estrellas inclinarse a él (Gn. 37:9). Y aun Jacob rechazó y reprendió a José sobre este sueño (Gn. 37:10). La envidia de sus hermanos se acrecentó, pero Jacob pensaba en los sueños de José (Gn. 37:11).

La envidia es una de las peores enfermedades psicológicas. El envidioso no resiste ver cómo otro prospera. Se molesta cuando a una persona se le da algo que a él o a ella no se le da. Ante un logro en su semejante, el envidioso siente apatía y rechazo contra la persona.

Los hermanos de José lo envidiaban, envidiaban la relación que este tenía con su padre Jacob; envidiaban la túnica que se le dio por parte de su padre, que para ellos era símbolo de preferencia humana. Envidiaban ver como su padre le expresaba a José sus emociones. En lugar de ver que era su hermano chico y menor, lo veían como una competencia humana para ellos. Todo soñador o soñadora enfrentará la envidia por parte de aquellos que están cerca de él o ella.

2. La conspiración contra José

«Cuando ellos lo vieron de lejos, antes que llegara cerca de ellos, conspiraron contra él para matarle» (Gn. 37:18).

Jacob envió a José hasta sus hermanos para él saber cómo estaban sus hijos que pastoreaban en Siquem (Gn. 37:12-14). Allí no encontró a sus hermanos, y se le informó que estaban en Dotan, donde los halló (Gn. 37:15-17). José buscaba a sus hermanos, aunque estos no lo buscaban a él.

A la distancia, sus hermanos planificaron como matarlo (Gn. 37:18), y echarlo muerto en una cisterna, para luego atribuir su muerte a alguna bestia. Y decían: «Y veremos qué será de sus sueños» (Gn. 37:20). Al soñador lo pueden matar, pero no se pueden matar sus sueños. Todo lo que querían era matar el propósito y el destino de José. Pero un día el mismo destino les demostraría a ellos, que actuando mal, haciendo lo que le hicieron a José, Dios haría de él un instrumento de bendiciones y salvación para ellos.

Al saber esto, Rubén aconsejó que echaran a José vivo en una cisterna para luego él rescatarlo (Gn. 37:21, 22). Él, como hermano mayor, veló por la seguridad de su hermano menor. Lo que le faltó a Rubén como hermano mayor fue carácter. No estaba de acuerdo con la acción de sus hermanos, pero no tuvo carácter para corregirlos y decirles que lo que iban a realizar estaba mal. Buscó alternativas, pero no resolvió un problema. Así tenemos a muchos hermanos mayores como Rubén, pueden hacer algo, pero se suman al juego dañino contra otros para sacar a un José del retrato familiar.

Cuando se acercó José, ellos lo desvistieron de su túnica de colores, tipo de la gracia del creyente, y le echaron en una cisterna vacía (Gn. 37:23). El mundo también quiere desvestir a muchos creyentes de la túnica de la gracia, de la misericordia y de la aceptación ante el Padre celestial. A Jesús de Nazaret también le quitaron su manto, y echaron suertes sobre el mismo (Jn. 19:23-24).

Al ver ellos una compañía de ismaelitas, Judá propuso venderlo como esclavo por veinte piezas de plata, siendo comprado por estos traficantes de esclavos, quienes lo llevaron al mercado de esclavos de Egipto (Gn. 37:24-28). Judá fue otro hermano mayor sin carácter, no estuvo de acuerdo en matar a José, pero sí propuso eliminarlo del lado de ellos para siempre. El joven libre fue hecho esclavo por sus hermanos.

Cuando Rubén regresó y no lo vio en la cisterna, rasgó sus vestidos y preguntó por José, ellos no le respondieron (Gn. 37:29-30). Muchos hermanos no saben dar cuentas por sus hermanos. El futuro de José no les importó a ellos, pero luego la historia futura demostraría que sin ellos saberlo, estaban ayudando a José a cumplir con el propósito de Dios, siendo ellos parte de ese proceso hacia ese propósito.

Muchos que hoy día te desprecian, confabulan contra ti, puede que un día se den cuenta que contra su propia voluntad, ellos te ayudaron a cumplir con el propósito divino para tu vida. ¡Tú llegarás a ser bendición, para los que no son bendición para tu vida! ¡Jesucristo te usará para ayudar a los que no te ayudaron! ¡Bendecirás a aquellos que no te bendijeron!

3. El luto por José

«Entonces Jacob rasgó sus vestidos, y puso cilicio sobre sus lomos, y guardó luto por su hijo muchos días» (Gn. 37:34).

Con la sangre de un cabrito tiñeron la hermosa túnica de colores o rayas que le causó tantos problemas a José (Gn. 37:31). Luego se la hicieron llegar a Jacob su padre para que este la reconociera (Gn. 37:32). Al hacerlo Jacob, culparon a una bestia de despedazarlo y devorarlo (Gn. 37:33).

A Jacob aquella mala noticia le hizo reaccionar rasgando sus vestidos y echando silicio sobre sus hombros, «y guardó luto por su hijo muchos días» (Gn. 37:36). Lo más terrible para un familiar es guardar luto por un ser querido cuyo cadáver no ha visto. En su corazón, Jacob le hizo a José su funeral.

Sus hijos e hijas no lo podían consolar, él rechazaba sus atenciones, llorando por José (Gn. 37:35).

Lo triste en la vida, es para un padre o una madre recibir la noticia o saber de la muerte de un hijo. Jacob se transformó en un muerto en vida. Nadie pude traer consuelo inmediato por la muerte de un hijo o hija fallecido. Tal parece que Jacob guardó luto perpetuo: «Descenderé enlutado a mi hijo hasta el Seol» (Gn. 37:35).

Jacob, una vez más tuvo que perder a alguien significativo, a una persona que amaba más que así mismo, que era José. Dios le quitó a Débora, la nodriza de Rebeca; le quitó a Raquel su esposa amada, que le costó catorce años de trabajo; le quitó a su padre Isaac; y ahora le quita a su José, su hijo más amado; en el futuro le quitaría también a su Benjamín, que al igual que José eran hijos de la amada Raquel (Gn. 43:1-14; 44:18-34).

Dios muchas veces nos quita a personas significativas de nuestro lado, de esa manera nos enseña que Él es más importante a nuestro lado, que todos esos seres que creemos lo son.

Lo que Jesucristo está haciendo ahora mismo contigo, no lo puedes entender, pero llegará el día que tendrás que darle gracias por todos esos aguaceros de pruebas, esas granizadas de dificultades, esos vientos de rechazos, esas tempestades de malentendidos, esos tornados de envidias, esos terremotos de desprecios, esas nevadas de acusaciones falsas... Te darás cuenta de que Dios estaba trazando un plan perfecto para ti. «¡Sin proceso, no hay progreso!». Hombres y mujeres procesados son los que progresan.

El capítulo 37 del Génesis se cierra con la mala noticia de que José fue vendido como esclavo a un oficial de la guardia de Faraón, llamado Potifar (Gn. 37:36). Allí comenzaba el proceso humano para aquel joven hebreo, llamado José, que le llevaría a ver cumplido el propósito divino en su vida. Dios lo pasaría «por la zarza y el guayacán», como dicen los puertorriqueños.

En todo ese proceso desagradable, José no se daría cuenta inmediatamente, sino hasta muchos años después, que él estaba dentro de la fábrica divina. ¡De esclavo, llegaría el día, exactamente trece años después, cuando José se transformaría en el Visir de Egipto! Hoy tus pruebas y dificultades son señales en la autopista de la vida, que te indican que vas manejando hacia el propósito divino.

Conclusión

El camino al éxito está marcado muchas veces por el dolor y el sufrimiento, pero cuando uno se mantiene en el propósito divino, verá un día que todo lo pasado y experimentado ha obrado para bien nuestro y de los demás.

20
El luto por Jacob

Génesis 50:10, RV1960

«Y llegaron hasta la era de Atad, que está al otro lado del Jordán,
y endecharon allí con grande y muy triste lamentación;
y José hizo a su padre duelo por siete días»

Introducción

José expresó sus sentimientos inmediatos al fallecimiento de Jacob (Gn. 50:1). El ordenó embalsamar el cadáver de su padre (Gn. 50:2), cuyo proceso tomó cuarenta días, y se le dio duelo treinta días más (Gn. 50:3). José luego le pidió permiso a Faraón para ir a Canaán y darle sepultura a su padre Jacob (Gen 50:4, 5). Lo cual le fue concedido por el Faraón (Gn. 50:6). Con José subió una comitiva compuesta por siervos de Faraón, y por su propia familia (Gn. 50:7-9).

Allá en «la era de Atad» José y los suyos endecharon y lloraron por Jacob, cosa que asombró a los cananeos (Gn. 50:10, 11). Luego de José cumplir con la petición de Jacob, de darle sepultura en la Cueva de Macpela, regresó con sus hermanos y los que le acompañaron a Egipto (Gn. 50:12-16).

1. La reacción de José

«Entonces se echó José sobre el rostro de su padre, y lloró sobre él, y lo besó» (Gn. 50:1).

La vida difícil y dolorosa de muchos seres humanos que han sido maltratados, los endurece en sus inter-relaciones personales, los hace ser toscos en su carácter, rudos en su trato hacia otros, los lleva a estar siempre a la defensiva a la señal de cualquier amenaza o aparente invasión de su territorio.

José, prototipo de las víctimas sociales, había aprendido a ser muy sensible, y no se cohibía al demostrar sus niveles emocionales. Él lloró al ver a sus hermanos por vez primera; lloró cuando vio a Benjamín su hermano menor, al cual antes no había conocido; lloró al ver a su anciano padre Jacob después de unos veinte años de su ausencia; y aparece aquí llorando «sobre el rostro de su padre», y no solo eso, «lloró sobre él y lo besó» (Gn. 50:1). El llorar es un mecanismo psicológico y espiritual que el Creador programó o instaló en el alma humana y de algunos mamíferos.

Jacob en lo terrenal era un simple cadáver, un estuche humano vacío, una casa abandonada, pero aun así, José sintió la ausencia del alma-espíritu de aquel capullo humano.

Mi amigo Bob Henry, dueño de una funeraria, me obsequió un libro titulado: *Stiff* (*Tieso*). Se concentra en el estudio de los cadáveres y de la anatomía humana de cuerpos donados o cuerpos sin reclamar. Antiguamente a los reos de muerte, se les tomaban los cadáveres para estudiarlos. Los estudiantes de medicina observan a sus profesores médicos trabajar sobre los mismos. Pero aun así, siendo cadáveres se les tiene que tratar con dignidad. A partes del cadáver como torsos o cabezas o miembros, ellos les ponen nombres.

José sabía que ya su padre no estaba allí, ante él solo tenía un cadáver. Jacob estaba mejor, paso a una mejor vida aunque suene ilógico para muchos, se había mudado a una residencia espiritual, pero él como hijo, al igual que otros miembros de la familia lo echarían de menos en los próximos días mientras se iban desacostumbrando a no tenerlo más cerca de ellos. ¡Claro que con la muerte seremos echados de menos!

Una vez que muere una persona creyente, solo queda un cadáver, su verdadero ser se ha trasladado al cielo, si murió a cuentas con el Creador y con el dador de la vida nuestro Señor Jesucristo. Por eso es tan importante esas citas divinas, esos momentos providenciales donde Jesucristo nos pone en contacto con un alma necesitada, y que uno la puede marcar positivamente y permanentemente para la eternidad. ¡Cuando uno muere, todo lo que queda, es lo que fuimos y no lo que somos, un cadáver, que ya no es la persona que conocimos!

Cuando muere un ser querido, o nos toque a nosotros morir, no digo morirnos ya que ese no es nuestro deseo, un vacío de esa presencia humana se hará sentir. ¡Se tiene que llorar a ese ser querido! Es un proceso emocional el irse acostumbrando a funcionar sin el ser querido, por parte de los deudos o de los que quedan atrás. Pero hay que continuar dándole cuerda al reloj de la vida para que sus «tic, tac» se sigan entonando.

Josardys García, una hermana en la fe que conozco desde niña, hija de un gran amigo Héctor García, fallecido, escribió unas hermosas palabras «en honor a la memoria de su padre»:

> Cada año de mi vida me acostumbré a celebrarlo con una carta en la que daba gracias a Dios por regalarte un año más de vida, mi campeón, y sé que no me leerás, pero por lo menos es porque hoy estás en un lugar mejor. No lo puedo negar, tu ausencia ha dolido más que una tortura.
>
> Hoy no solo me enfrento a tu cumpleaños sin ti, a iniciar un nuevo año del cual tú no has tenido conciencia. Pero aunque esta vez no puedo regalarte nada, mi campeón, porque ahora tú lo tienes todo, yo me regalaré el propósito, a pesar de todo, de intentar ser feliz porque así tú lo hubieses querido, así lo quiero yo y sobre todo así lo quiere Dios.
>
> Y por eso es preciso que deje atrás el mucho dolor para poder despojarme de él, aunque el camino será largo lo sé, pero prometo intentar ser feliz por mucho que me duela no tener a ese hombre para quien siempre fui su pequeña niña.
>
> Sé que de ti ahora debo hablar en pasado pero hay algo que jamás conjugaré en pasado y es que te amo, te amo y siempre te amaré a ti y a tu memoria, todo tu legado, sobre todo el espiritual que seguirá en nuestra familia. Si en el cielo celebran los cumpleaños, diles, recuérdales cuando estés de cumpleaños en la tierra.

A ese proceso humano, a esa separación de los vivos de los fallecidos, se le conoce como duelo o luto por la ausencia y partida de aquellos y aquellas, que ya no veremos más en esta vida.

El profesor Víctor M. Pérez Valera ofrece esta definición: «La palabra duelo deriva del latín *dolus*: dolor y es la respuesta afectiva a la pérdida de alguien o de algo. El luto, en cambio, proviene del latín *lugere*: llorar y es el duelo por la muerte de una persona amada. El duelo sería el género y el luto la especie».

Efraín hizo duelo por los hijos muertos: «Los hijos de Efraín: **Sutela, Bered** su hijo, **Tahat** su hijo, **Elada** su hijo, **Tahat** su hijo, **Zabad** su hijo, **Sutela** su hijo, **Ezer y Elad**. Mas los hijos de Gat, naturales de aquella tierra, los mataron, porque vinieron a tomarles sus ganados. **Y Efraín su padre hizo duelo por muchos días, y vinieron sus hermanos a consolarlo**. Después él se llegó a su mujer, y ella concibió y dio a luz un hijo, al cual puso por nombre Bería, por cuanto había estado en aflicción en su casa. Y su hija fue Seera, la cual edificó a Bet-horón la baja y la alta, y a Uzen-seera. Hijo de este Bería fue Refa, y Resef, y Telah su hijo, y Tahán su hijo, Nun su hijo, Josué su hijo» (1 Cr. 7:20-25, 27).

Este es un pasaje conflictivo, ¿por qué, cómo es posible conectar a Efraín hijo de José que murió años antes con este otro Efraín?

El Gran Diccionario Enciclopédico de la Biblia editado por Alfonso Ropero Berzosa declara: «Es casi imposible fechar este suceso en tiempos de la estancia de los israelitas en Egipto, y menos todavía en el tiempo en el que los efrainitas vivían en Canaán, pues ¿cómo se podría entender que Efraín engendrara después de aquella desgracia un hijo si el patriarca había muerto muchos años antes de la salida de los israelitas de Egipto? Keil propuso como solución que así como un descendiente de la sexta generación de Sutela también se llamó Sutela, un descendiente del patriarca Efraín pudo haber tenido el mismo nombre. De ser así, el suceso cobra sentido. Los Ezer y Elad que bajaron del monte Efraín a Gat no fueron los hijos directos, sino descendientes postreros de Efraín, y el padre que lamentaba su muerte no era el hijo de José nacido en Egipto, sino un efrainita de nombre».

El nombre de Sutela se repite dos veces (1 Cr. 7:20 y 21): «Mas los hijos de Gat, naturales de aquella tierra, los mataron, porque vinieron a tomarles sus ganados» (1 Cr. 7:20). Reina Valera de 1960, no aclara quienes vinieron a robar ganado, si fueron los filisteos o si fueron los hijos de Efraín.

La Traducción en Lenguaje Actual rinde: «... Éser y Elad fueron a Gat a robar ganado, pero los habitantes de ese lugar los mataron». Esta versión sugiere que los filisteos de Gat mataron a Éser y Elad porque fueron a robarles el ganado. Y esta misma interpretación la sugiere la Nueva Traducción Viviente: «... A Ezer y a Elad los mataron cuando intentaban robar ganado que pertenecía a los granjeros locales, cerca de Gat».

La Nueva Versión Internacional sostiene la misma postura: «... Ezer y Elad. Los habitantes de Gad mataron a estos dos últimos porque bajaron a robarles sus ganados». Puede que los filisteos mataran a todos los nueve hijos de Efraín o mataron solo a Ezer y Elad, los dos últimos mencionados. Pero la muerte de sus hijos produjo luto por muchos días en el jerarca Efraín, al cual sus hermanos lo visitaron para traerle consuelo.

Esta genealogía de 1 de Crónicas 7:20-27 es para hacer sobresalir a Josué como un héroe tribal: «... Nun, su hijo, Josué, su hijo» (1 Cr. 7:27). Comparece con Josué 1:1 que lee: «Aconteció después de la muerte de Moisés siervo de Jehová, que Jehová habló a Josué hijo de Nun, servidor de Moisés, diciendo».

Jeremías con el pueblo hicieron duelo por Josías: «Entonces sus siervos lo sacaron de aquel carro, y lo pusieron en un segundo carro que tenía, y lo llevaron a Jerusalén, donde murió; y lo sepultaron en los sepulcros de sus padres. **Y todo Judá y Jerusalén hicieron duelo por Josías. Y Jeremías endechó en memoria de Josías. Todos los cantores y cantoras recitan esas lamentaciones sobre Josías hasta hoy**; y las tomaron por norma para endechar en Israel, las cuales están escritas en el libro de Lamentos» (2 Cr. 35:24-25).

Esa elegía de Jeremías sobre el rey Josías está desaparecida. Algo para recordarla es lo escrito por el profeta Jeremías en su libro:

«No lloréis al muerto, ni de él os condoláis; llorad amargamente por el que se va, porque no volverá jamás, ni verá la tierra donde nació» (Jer. 22:10). «No lloren por el rey muerto ni lamenten su pérdida. ¡En cambio, lloren por el rey cautivo que se llevan al exilio porque nunca más volverá para ver su tierra natal!» (NTV).

«El aliento de nuestras vidas, el ungido de Jehová, de quien habíamos dicho: A su sombra tendremos vida entre las naciones, fue apresado en sus lazos» (Lm. 4:20). «Nuestro rey –el ungido del SEÑOR, la vida misma de nuestra nación– quedó atrapado en sus lazos. ¡Pensábamos que su sombra nos protegería contra cualquier nación de la tierra!» (NTV).

Joel profetizó el duelo de los sacerdotes por Jerusalén: «Llora tú como joven vestida de cilicio por el marido de su juventud. Desapareció de la casa de Jehová la ofrenda y la libación; **los sacerdotes ministros de Jehová están de duelo**. El campo está asolado, se enlutó la tierra; porque el trigo fue destruido, se secó el mosto, se perdió el aceite» (Joel 1:8-10).

La muerte es parte del proceso de la vida, y debemos prepararnos para su día, sea que nosotros lloremos por otros o que otros lloren por nosotros. Ese día y esa fecha está marcada en el calendario de la vida.

José dio orden a «sus médicos familiares» para que ellos embalsamaran «a su padre» y así lo hicieron (Gn. 50:2). Ese proceso les tomó «cuarenta días», que era el tiempo empleado en embalsamarse un cadáver en Egipto, donde las vísceras eran separadas en una urna aparte, el cadáver se cubría con tiras preparadas para ese propósito (Gn. 50:2).

En Egipto, visitando el Museo del Cairo, y entrando en la Sala de las momias faraónicas, he visto las momias de Seti I, Seti II, Ramsés I, Ramsés II, entre otros. Cada momia se preparaba por sacerdotes-médicos egipcios, que con los secretos de su profesión, dieron preservación a las mismas. La conservación de estas momias es testimonio de esta ciencia tan avanzada en sus días.

Pues, Jacob fue embalsamado, y se cumplieron «cuarenta días» que era lo requerido en la embalsamación egipcia, luego los egipcios lo lloraron treinta días más, con un total de «setenta días» (Gn. 50:3). Aún el mundo llora la partida de una persona.

Posteriormente, José mismo tendría su cadáver embalsamado. Al igual que Jacob, pidió ser enterrado en la tierra de Canaán (Gn. 50:26). Interesante es que Génesis 50, comienza con la muerte de Jacob, y termina con la muerte de José (Gn. 50:1; cf. Gn. 50:26). El cadáver de José sería el único que entraría con la procesión de un pueblo liberado, después de vivir estos como esclavos durante más de 400 años en Egipto.

Un funeral con el embalsamiento de un cadáver, los arreglos funerarios, el velatorio, las endechas, las elegías, y todo lo relacionado con el difunto o difunta, y el entierro, es una manera humana y emocional de los deudos separarse de quien en vida fue la persona querida. El cadáver ya no es la persona, sino que allí estuvo el alma-espíritu de la misma. Con la muerte, lo espiritual abandona lo corporal. ¡Pero ahí no termina todo! ¡Para muchos comienzan los verdaderos problemas de la eternidad! ¡Para otros comienzan las bendiciones de la eternidad!

2. La petición de José

«Y pasados los días de su luto, habló José a los de la casa de Faraón, diciendo: Si he hallado ahora gracia en vuestros ojos, os ruego que habléis en oídos de Faraón, diciendo» (Gn. 50:4).

Una vez terminado el tiempo de luto, José retomó sus obligaciones. Pero la vida debe continuar su ciclo. Los sobrevivientes deben seguir luchando. El luto tiene que terminar. La vida debe continuar progresivamente. Todo tiene que volver a su normalidad. Aceptar la realidad de la muerte en un ser querido, amigo o conocido es algo que se tiene que aceptar. El luto más allá del tiempo requerido o bíblico, «treinta días», es dañino a la salud mental.

José comunicó por medios apropiados a Faraón su deseo de cumplir con la petición de su padre Jacob de querer ser sepultado en Canaán, y le pidió permiso al Faraón para ir a sepultar a su padre Jacob (Gn. 50:4,5).

Solicitar ante un superior permiso para enterrar a un ser querido, es algo que no se debe obviar. De no hacerse, un estado de culpabilidad podría manifestarse en algún futuro. Lo que tiene que hacer por algún ser querido fallecido, hágalo, eso lo beneficiara a usted. Pero mejor aun, haga en vida por esa persona lo que pueda hacer ahora, eso le producirá mucha paz en el futuro.

«Y Faraón dijo: Ve, y sepulta a tu padre, como él te conjuró». El Faraón fue sensible al dolor ajeno, en este caso de José. En esos momentos de duelo humano, tenemos que ser empáticos, poniéndonos en el lugar de la persona afectada. ¡Lloremos con los que lloran! ¡Eso es empatía!

3. La acción de José

«Entonces José subió para sepultar a su padre; y subieron con él todos los siervos de Faraón, los ancianos de su casa, y todos los ancianos de la tierra de Egipto» (Gn. 50:7).

José en su misión fue acompañado de una gran comitiva familiar y social (Gn. 50:7). Su propia familia y sus hermanos naturales, se fueron con José para darle sepultura a Jacob (Gn. 50:8). La comunidad completa se asoció en un tiempo como ese. ¡José nunca se olvidaría de ese calor humano que le fue compartido!

La ausencia a un funeral o entierro de alguien que se espera ver, se echará de notar. Pero otros que no esperábamos ver nos sorprenderán. En esos momentos de duelo humano, es cuando se necesita una presencia amiga y fraternal. Alguien que nos diga: «¡Estoy aquí, a tu lado!».

Una gran procesión funeral acompañó a José: «Subieron también con él carros y gente de a caballo, y se hizo un escuadrón muy grande» (Gn. 50:9). A Jacob Se le dio el honor de un jefe de estado. Todo esto era mostrarle a José, que tenía muchos amigos. Que en su dolor, había brazos extendidos, miradas compasivas y corazones que sentían lo que él sentía.

Al llegar a «la era de Atad», con endechas, lamentaciones y duelo, todos se unieron a José, y duro el «duelo por siete días» (Gn. 50:10). El siete se asocia con el propósito y la voluntad divina. Por lo tanto, José guardó sus «siete días» de duelo, aceptó la voluntad divina para su vida y las vidas de otros.

Los cananeos se asombraron por aquel llanto, que ellos describieron como «llanto grande» por «los Egipcios» (Gn. 50:11). A aquel lugar se le llamó «Abelmizraim» o «lugar de grande llanto». La memoria de Jacob fue honrada con el nombre que se dio a aquel lugar para recordar aquel evento.

Conclusión

Los funerales siempre traen tristezas, pero le permiten a uno despedirse de esos seres queridos o a ellos un día despedirse de nosotros. Vivamos la vida de tal manera que cuando llegue ese día las lágrimas de tristeza se transformen en lágrimas de gozo. Que el vacío que deje la partida de un ser querido o un amigo, no sea más grande que el hermoso recuerdo de haberlo conocido y compartido con él o con ella. Pero sobre todo, vivamos con Jesucristo y para Jesucristo. Esta vida se vive una sola vez, la vida eterna se vivirá para siempre. Vivamos de tal manera, que cuando llegue ese momento no tengamos de que lamentarnos.

TERCERA PARTE
El duelo

21
El duelo de David

2 Samuel 3:38, RV60

«También dijo el rey a sus siervos: ¿No sabéis que un príncipe
y grande ha caído hoy en Israel?»

Introducción

En 2 de Samuel 3:22-39 se enfoca el asesinato de Abner en manos de Joab. Al enterarse este, de la visita de Abner (2 Sam. 3:22, 23), lo mandó buscar y en la puerta de Hebrón lo mató a traición por la quinta costilla (2 Sam. 3:24-27).

David, al conocer del asesinato de Abner, se declaró inocente y responsabilizó a Joab de manera pública (3:28-30). Luego le dio un funeral con honores políticos y David desfiló frente al féretro (2 Sam. 3:31). David junto al pueblo hicieron duelo por Abner (2 Sam. 3:31, 32) y el rey expresó una endecha por él (2 Sam. 3:33, 34). El pueblo lloró a Abner y David se abstuvo de ingerir alimentos (2 Sam. 3:35-37).

Mediante una interrogante, David afirmó que Abner fue un "príncipe y grande" que había caído (2 Sam. 3:38). Y sobre sus sobrinos Joab y Abisai dijo que eran duros para él; pero para ellos habría un pago por su maldad (2 Sam. 3:39).

David expresó cuatro endechas, duelos o elegías:

Primero, David ayunó por un milagro de vida en su primogénito (2 Sam. 12:13-23). *Segundo*, expresó una elegía por la muerte del rey Saúl y Jonatán (2 Sam. 1:24-27). *Tercero*, David endechó la muerte del general Abner (2 Sam. 3:33-34). *Cuarto*, David endechó la muerte de su hijo Absalón (2 Sam. 18:33).

El primogénito de David murió a causa de su adulterio con Betsabé, tal y como lo profetizó Natán

«Entonces dijo David a Natán: Pequé contra Jehová. Y Natán dijo a David: También Jehová ha remitido tu pecado; no morirás. Mas por cuanto con este asunto hiciste blasfemar a los enemigos de Jehová, el hijo que te ha nacido ciertamente morirá. Y Natán se volvió a su casa. Y Jehová hirió al niño que la mujer de Urías había dado a David, y enfermó gravemente» (2 Sam. 12:13-15).

Dios perdonó a David, pero la consecuencia de su pecado de adulterio alcanzó al niño. David se humilló en ayuno delante de Dios, creyendo en un milagro de vida para su primogénito.

«Y Natán se volvió a su casa. Y Jehová hirió al niño que la mujer de Urías había dado a David, y enfermó gravemente. Entonces David rogó a Dios por el niño; y ayunó David, y entró, y pasó la noche acostado en tierra. Y se levantaron los ancianos de su casa, y fueron a él para hacerlo levantar de la tierra; mas él no quiso, ni comió con ellos pan» (2 Sam. 12:15-17).

Una vez que el profeta Natán cumplió su asignación profética, el niño de un año, se enfermó. David oró a Dios, quizá empleó el mecanismo de defensa psicológico de la negociación con Dios. De seguro David pidió milagro o una sanidad a Dios por su hijo a cambio de algo que le ofreció a Dios. Esa noche el rey David se despojó de su dignidad real, se acostó en la tierra y se abstuvo de alimentos. Había perdido el alimento.

Muchos enfermos terminales negocian con Dios, ofreciéndole algo a cambio de su sanidad y milagro. Tanto un paciente terminal como algún miembro de la familia, buscan negociar con Dios. Le piden a nuestro Señor Jesucristo por el milagro a cambio de una promesa personal.

«Y al séptimo día murió el niño; y temían los siervos de David hacerle saber que el niño había muerto, diciendo entre sí: Cuando el niño aún vivía, le hablábamos, y no quería oír nuestra voz; ¿cuánto más se afligirá si le decimos que el niño ha muerto? Mas David, viendo a sus siervos hablar entre sí, entendió que el niño había muerto; por lo que dijo David a sus siervos: ¿Ha muerto el niño? Y ellos respondieron: Ha muerto. Entonces David se levantó de la tierra, y se lavó y se ungió, y cambió sus ropas, y entró a la casa de Jehová, y adoró. Después vino a su casa, y pidió, y le pusieron pan, y comió» (2 Sam. 12:18-20).

Estando el niño enfermo, David se rehusó hablar con sus siervos. Ellos no hallaban como darle la mala noticia de la muerte del mismo. David se dio cuenta por el comportamiento de ellos que el niño había fallecido. Ellos se lo confirmaron. David se arregló bien y se fue al tabernáculo para adorar a Dios. Luego comió. Demostró que había aceptado la voluntad soberana de Dios en su vida.

«Y le dijeron sus siervos: ¿Qué es esto que has hecho? Por el niño, viviendo aún, ayunabas y llorabas; y muerto él, te levantaste y comiste pan. Y él respondió: Viviendo aún el niño, yo ayunaba y lloraba, diciendo: ¿Quién sabe si Dios tendrá compasión de mí, y vivirá el niño? Mas ahora que ha muerto, ¿para qué he de ayunar? ¿Podré yo hacerle volver? Yo voy a él, mas él no volverá a mí» (2 Sam. 12:21-23).

Se define duelo en Wikipedia: «El **duelo** es el proceso de adaptación emocional que sigue a cualquier pérdida (pérdida de un empleo, pérdida de un ser querido, pérdida de una relación, etc.). Aunque convencionalmente se ha enfocado la respuesta emocional de la pérdida, el duelo también tiene una dimensión física, cognitiva, filosófica y de la conducta que es vital en el comportamiento humano y que ha sido muy estudiado a lo largo de la historia. En la actualidad se encuentra en discusión el tema de si otras especies también tienen sentimientos de duelo como los seres humanos, y en algunas de ellas se han observado comportamientos peculiares ante la muerte de sus congéneres» (https://es.m.wikipedia.org/wiki/Duelo_(psicolog%C3%ADa)

El duelo no puede ser para siempre. David ayunó siete días por la sanidad de su primogénito que estaba enfermo. Cuando el niño murió, David entregó el ayuno y volvió a su vida rutinaria. No es normal cuando una persona o creyente, después que fallece un ser querido, se niega a que su vida continúe en el curso de la misma.

Mantenerse en duelo más allá del tiempo estipulado es luchar y rechazar la soberanía divina. Dios es Dios porque hace lo que Él quiere, como Él quiere, donde Él quiere, con quién Él quiere.

"Entonces dijo: «Desnudo salí del vientre de mi madre, y nada tendré cuando muera. El Señor me dio cuanto yo tenía; suyo era, y tenía derecho de llevárselo. Bendito sea el nombre del Señor»" (Job 1:21, NBV).

1. El aviso a Joab acerca de Abner

«Y luego que llegó Joab y todo el ejército que con él estaba, fue dado aviso a Joab, diciendo: Abner hijo de Ner ha venido al rey, y él le ha despedido, y se fue en paz» (2 Sam. 3:23).

Joab, con el ejército, había regresado del campo y traía un gran botín (2 Sam. 3:22). Ya David había despedido a Abner, y se nos dice: "... y él se había ido en paz" (2 Sam. 3:22). David trató con altura y diplomacia política al general Abner, gracias a la decisión de Abner, la guerra civil entre Judá e Israel llegó a su final. Tomar una decisión correcta, frente a los vientos contrarios de la división y la separación, puede traer una frescura de unidad y armonía.

El futuro para Abner se veía muy brillante, pero la falta de cordura y la venganza de un hombre, de un líder celoso, de un sobrino voluntarioso de David –llamado Joab– traería una nube de dolor y tristeza para un rey y una nación.

Al llegar Joab se le notificó que Abner se había reunido con el rey David, y que fue despedido en paz: «Y luego que llegó Joab y todo el ejército que con él estaba, fue dado aviso a Joab, diciendo: Abner hijo de Ner ha venido al rey, y él le ha despedido, y se fue en paz» (2 Sam. 3:23).

Esa buena noticia para un hombre con el corazón dañado como Joab, fue una mala noticia. Muchos líderes con el espíritu de Joab, el espíritu de la venganza, el espíritu del rencor, no se alegran cuando la cobertura tiene que hacer decisiones sabias para el bienestar de la mayoría de la colectividad. Estos seres humanos como Joab son egoístas, son individualistas, lo toman todo de modo personal y si no son parte de las decisiones, las rechazan.

Grandes causas han sido dañadas y afectadas por la reacción negativa de personas inmaduras; que piensan más en los efectos negativos sobre la individualidad que en los efectos positivos sobre la colectividad.

«Entonces Joab vino al rey, y le dijo: ¿Qué has hecho? He aquí Abner vino a ti; ¿por qué, pues, le dejaste que se fuese? » (2 Sam. 3:24). Es de notarse el espíritu confrontador de Joab contra el rey David, un general cuestionando la diplomacia de su comandante, un sobrino importunando a su tío, un servidor enfrentando a su señor.

Joab interrogó al rey David y le acusó de no haber actuado correctamente. A David llegó Abner y en vez de apresarlo y someterlo a una corte marcial, según juicio de Joab, el rey lo dejó irse en paz.

Líderes como Joab no buscan la paz. Cuestionan las actitudes y decisiones de sus autoridades o superiores. Se pasan de la línea o raya de su posición. ¡Son pájaros tirándole a las escopetas! ¡Ovejas que quieren actuar como pastores!

«Tú conoces a Abner hijo de Ner. No ha venido sino para engañarte, y para enterarse de tu salida y de tu entrada, y para saber todo lo que tú haces» (2 Sam. 3:25).

El tono áspero, directo e irrespetuoso de Joab se siente en sus palabras cargadas de enojo y coraje. De manera indirecta le dijo a David que él era un inmaduro, un ignorante y que Abner vino a él como un espía para engañarlo y conocer sus estrategias militares. Joab era un sembrador de malas semillas, de malos pensamientos, sabía cómo poner o implantar dudas en el corazón de otros.

David el ungido, el estadista, el guerrero, el adorador, el héroe nacional fue una víctima emocional de su sobrino Joab. El cual, en el pasado y en este momento presente de David, le cuestionó muchas decisiones y acciones al rey. Ya David no tenía autoridad espiritual sobre Joab. Este no le respetaba ni le obedecía.

Aparentemente, David guardó silencio, no le contestó nada a Joab. Ese silencio de David lo aprovechó Joab para hacer lo que luego hizo. A David le faltó carácter ante su sobrino y general.

Hoy día muchos líderes tienen carisma, tienen autoridad, tiene posiciones, pero ante otros líderes o subalternos, les falta carácter. ¡No corrigen a sus colaboradores! ¡Permiten a sus ayudantes decir y hacer cosas que les rebotarán luego a ellos como cabeza!

2. La decisión de Joab de asesinar a Abner

«Y saliendo Joab de la presencia de David, envió mensajeros tras Abner, los cuales le hicieron volver desde el pozo de Sira, sin que David lo supiera» (2 Sam. 3:26).

En el pasaje ya citado vemos a Joab haciendo decisiones que iban contrario al espíritu de David, el espíritu de la reconciliación y la paz. Él, por su cuenta, envió mensajeros para hacer regresar al general Abner.

«Y cuando Abner volvió a Hebrón, Joab le llevó aparte en medio de la puerta para hablar con él en secreto; y allí, en venganza de la muerte de Asael su hermano, le hirió por la quinta costilla, y murió» (2 Sam. 3:27).

Con astucia y engaño, Joab convenció al general Abner para hablar privadamente con él. Abner vino con un escolta hasta David: «Vino, pues, Abner a David en Hebrón, y con él veinte hombres; y David hizo banquete a Abner y a los que con él habían venido. Y dijo Abner a David: Yo me levantaré e iré, y juntaré a mi señor el rey a todo Israel, para que hagan contigo pacto, y tú reines como lo desea tu corazón. David despidió luego a Abner, y él se fue en paz» (2 Sam. 3:20-21).

Abner se confió demasiado con Joab, dejó su escolta de veinte hombres, sin darse cuenta que era llevado directamente a la muerte. Joab cobardemente, a traición como hacen los hombres y mujeres bajos de carácter, los enanos sociales del mundo, movido por el espíritu de venganza por la muerte de Asael su hermano, "... hirió por la quinta costilla, y murió" a Abner.

En la manera como Joab asesinó a traición a Abner, le trató como un villano. Es interesante que el hebreo emplea la palabra "nabal", que significa insensato. Y como nombre propio nos recuerda a aquel "Nabal" que fue esposo de Abigail y que maltrató con sus palabras al fugitivo David, mientras huía de Saúl por

Maón en el Carmel (1 Sam. 25:2-3; 9-13; 36-44). Abner no era un prisionero de guerra. Él fue víctima de dos malos hombres, llamados Joab y Abisai. Estos hombres eran unos ambiciosos y no tenían buenos sentimientos.

En estos dos hermanos, vengativos, criminales, asesinos, se retratan todos aquellos homicidas que día a día aparecen haciendo mala noticia en los periódicos. Son los asesinos de policías que son guardianes de la seguridad y el orden social de los ciudadanos. Son los asesinos de gente indefensa que atracan, mujeres que violan, niños que maltratan y les ocasionan la muerte. Son los asesinos impulsados por la ira y el coraje que sin dominio propio le tronchan la vida a su prójimo. Caricaturas deformadas de seres humanos, que tras ellos dejan una estela de dolor, de luto, de lágrimas.

Muchos líderes espirituales son destruidos de manera villana por otros líderes celosos, carnales, envidiosos, protectores de su posición, que en su afán para que nadie les haga sombra, ahuyentan y matan ministerios.

Muchas generaciones del espíritu de Abner han sido matados por el espíritu de Joab, que es el espíritu del individualismo; de que nadie más suba, de que otro no sea mejor. De continuo leemos en los periódicos, escuchamos en la radio y vemos en la pantalla de televisión como muchos Abner son asesinados cobardemente.

Joab le aplicó a Abner lo que aquel hizo a Asael. La diferencia fue que Abner lo hizo en defensa propia, y Joab lo hizo como un vil y miserable cobarde, un "Brutus" de la historia. La palabra "bruto" precisamente viene de aquel despiadado que mató al primer César romano. ¡Hombres pequeños siempre han matado a hombres grandes!

3. La noticia a David del asesinato de Abner

«Cuando David supo después esto, dijo: Inocente soy yo y mi reino, delante de Jehová, para siempre, de la sangre de Abner hijo de Ner» (2 Sam. 3:28).

Abner significa "padre de luz", él fue hijo de alguien reconocido e importante llamado Ner, hermano de Saúl: "Porque Cis padre de Saúl, y Ner padre de Abner, fueron hijos de Abiel" (1 Sam. 14:51). Un buen nombre de un padre, ayuda al nombre del hijo.

David inmediatamente se distanció de este asesinato político. La precipitación de Joab pudo haber llevado a otra guerra civil, y todo lo logrado estaba a punto de deshacerse. El rey se declaró inocente –y a su reino– de este cobarde asesinato; y puso como testigo a Jehová Dios.

En la vida tenemos que aprender a deshacernos y a distanciarnos de aquellos y aquellas cuya conducta nos puede afectar. Nunca seamos cómplices de ningún mal que se hace a otros. El justo practica la justicia, el injusto practica la injusticia. De ahí el texto bíblico:

Reina Valera rinde: «El que es injusto, sea injusto todavía; y el que es inmundo, sea inmundo todavía; y el que es justo, practique la justicia todavía; y el que es santo, santifíquese todavía» (Apoc. 22:11).

Traducción en Lenguaje Actual rinde: «Deja que el malo siga haciendo lo malo; y que quien tenga la mente sucia, siga haciendo cosas sucias. Al que haga el bien, déjalo que siga haciéndolo, y al que haya entregado su vida a Dios, deja que se entregue más a él. Jesús dice:»

Nueva Biblia Vida rinde: «Mientras tanto, deja que el malo siga haciendo el mal, y que el impuro siga en su impureza; pero que el bueno siga haciendo el bien, y que el santo siga santificándose»

En 2 de Samuel 3:29, David pronunció una maldición sobre Joab y sobre toda su familia y generaciones posteriores. Sobre ellos vendrían enfermedades, muertes violentas y mucha pobreza:

«Caiga sobre la cabeza de Joab, y sobre toda la casa de su padre; que nunca falte de la casa de Joab quien padezca flujo, ni leproso, ni quien ande con báculo, ni quien muera a espada, ni quien tenga falta de pan»

La muerte de Abner fue un complot entre Joab y Abisai. Los dos hermanos estuvieron involucrados en el cobarde asesinato de Abner. Vemos lo que puede hacer el espíritu de la venganza. El cual hace ciegos y sordos a quien lo posee.

«Joab, pues, y Abisai su hermano, mataron a Abner, porque él había dado muerte a Asael hermano de ellos en la batalla de Gabaón» (2 Sam. 3:30).

4. El duelo de David por Abner

«Entonces dijo David a Joab, y a todo el pueblo que con él estaba: Rasgad vuestros vestidos, y ceñíos de cilicio, y haced duelo delante de Abner. Y el rey David iba detrás del féretro» (2 Sam. 3:31).

En el *Gran Diccionario Enciclopédico de la Biblia* se nos explica: "Heb. 56 abal, אבל = «lamentar, llorar, estar de luto» (2 Sam. 14:2; 19;1; Jl. 1:9); 5594 saphad, ספה, prop. «arrancar el cabello y golpearse el pecho, lamentar» (Gn. 23:2; 50:10; 2 Sam. 3:1; 11:26). Era costumbre de los hebreos, como sigue siéndolo en Oriente, hacer una gran exhibición de duelo. Cuando ocurría una muerte en una casa o familia, se ponía en marcha una ceremonia complicada conforme a un ritual secular lleno de significado" (Editor Alfonso Ropero Berzosa. Editorial CLIE. Barcelona, España, 2013).

Joab y el pueblo guardaron luto por Abner. A un general muerto se le da el respeto de general. En aquella caravana fúnebre, con destino a Hebrón donde fue sepultado Abner, David honró su memoria, marchando detrás del féretro.

El día de la sepultura de Abner, David se lo pasó en ayunas, y aunque el pueblo le pidió que comiera, él dijo: «Así me haga Dios y aun me añada, si antes que se ponga el sol gustare yo pan, o cualquiera otra cosa» (2 Sam. 3:35). Esa fue la manera externa del rey David para expresar su duelo por el fallecido general Abner.

«Todo el pueblo supo esto, y le agradó; pues todo lo que el rey hacía agradaba a todo el pueblo» (2 Sam. 3:36).

A la congregación le debe agradar todo lo que haga su líder. El líder necesita de un pueblo que lo entienda, que lo hagan sentirse bien. Los líderes sufren cuando tienen a personas que por más que hagan, nunca agradan.

En los funerales honramos los restos de la persona que fue en vida. Es un momento para suavizar asperezas, buscar la reconciliación entre contrarios y demostrar el aprecio por un fallecido. Cada funeral es una oportunidad de reconciliación.

«Y sepultaron a Abner en Hebrón; y alzando el rey su voz, lloró junto al sepulcro de Abner; y lloró también todo el pueblo» (2 Sam. 3:32). Abner fue sepultado en Hebrón.

Quién escribe ha visitado varias veces los sepulcros de los patriarcas y matriarcas en Hebrón. Están cubiertos por una de las majestuosas construcciones de Herodes El Grande. Se divide en dos secciones de ascenso.

Por un lado se asciende para ver las tumbas en la sección judía, donde se encuentran los sepulcros de Rebeca, Isaac, Sara y Abraham. Por el otro lado se asciende para entrar a los sepulcros de Jacob y Lea y ver, en la sección musulmana, los sepulcros de Abraham y Sara, Isaac y Rebeca. Pero en las escalinatas para entrar al santuario musulmán, a la izquierda hay un rótulo en el que se lee: "Tomb of Abner" o "Tumba de Abner".

La endecha que David pronunció por el general Abner

«Y endechando el rey al mismo Abner, decía: ¿Había de morir Abner como muere un villano? Tus manos no estaban atadas, ni tus pies ligados con grillos; Caíste como los que caen delante de malos hombres. Y todo el pueblo volvió a llorar sobre él» (2 Sam. 3:33-34).

Abner no murió como un general en combate. Murió como si fuera un villano, un malhechor; no como un prisionero de guerra. Murió asesinado frente a hombres malos. El pueblo lloró al general Abner.

«Entonces todo el pueblo vino para persuadir a David que comiera, antes que acabara el día. Mas David juró diciendo: Así me haga Dios y aun me añada, si antes que se ponga el sol gustare yo pan, o cualquiera otra cosa. Todo el pueblo supo esto, y le agradó; pues todo lo que el rey hacía agradaba a todo el pueblo. Y todo el pueblo y todo Israel entendió aquel día, que no había procedido del rey el matar a Abner hijo de Ner» (2 Sam. 3:35-37).

David con su comportamiento y duelo se exoneró de estar detrás del asesinato del general Abner. El pueblo de Judá como el pueblo de Israel, ambas casas, la de David y la casa de Saúl, vieron la justicia en David.

«También dijo el rey a sus siervos: ¿No sabéis que un príncipe y grande ha caído hoy en Israel?» (2 Sam. 3:38). Una vez más, David rindió reconocimiento público al fallecido Abner, diciendo que fue un gran príncipe que murió en Israel. Ennoblece y hace grande a aquel que ve nobleza y grandeza en otros. Se hace pequeño aquel que no ve buenos atributos en otros.

En un funeral de alguien que falleció trágicamente, fue asesinado, es terapéutico el consuelo que pueden traer las palabras de elegía para lamentar su muerte y alentar la esperanza en los vivos. La muerte viciosa de Abner es un pasaje que se acomoda a esas muertes por actos criminales.

David ante aquella malvada acción de sus sobrinos, tuvo que admitir su falta de control hacia ellos: «Y yo soy débil hoy, aunque ungido rey; y estos hombres, los hijos de Sarvia, son muy duros para mí; Jehová dé el pago al que mal hace, conforme a su maldad» (2 Sam. 3:39).

Los llamados "hijos de Sarvia", sobrinos de David, aunque fieles a David y héroes nacionales, muchas veces pusieron a su tío y rey en aprietos; y en esta ocasión, pusieron a David en una situación muy embarazosa para él y su reino.

El espíritu de "los hijos de Sarvia", siempre se manifiesta en muchos miembros de la familia, en los cuales confían los líderes. Estos miembros de la familia toman decisiones que afectan la visión del líder. Es más fácil, en ocasiones, corregir a alguien afuera del círculo familiar, que a uno dentro del mismo. La rebeldía dentro de la familia es más difícil de ser corregida y suprimida.

El espíritu de "los hijos de Sarvia" es un "espíritu de imprudencia", como lo llamaba mi buen amigo, ya fallecido, el Rvdo. Mario Marrero de la "Fundación Somos Más Que Vencedores". Muchos seres humanos son unos imprudentes, siempre están poniendo dos centavos donde no se les ha pedido, opinando lo que no se les ha preguntado y haciendo cosas que desayudan.

Cuando su hijo Absalón, en una historia posterior, dio un golpe de estado, David abandonó Jerusalén descalzo y subió el Monte de los Olivos llorando:

«Y David subió la cuesta de los Olivos; y la subió llorando, llevando la cabeza cubierta y los pies descalzos. También todo el pueblo que tenía consigo cubrió cada uno su cabeza, e iban llorando mientras subían» (2 Sam. 15:30).

La endecha que David pronunció por su hijo Absalón

«Entonces el rey se turbó, y subió a la sala de la puerta, y lloró; y yendo, decía así: ¡Hijo mío Absalón, hijo mío, hijo mío Absalón! ¡Quién me diera que muriera yo en lugar de ti, Absalón, hijo mío, hijo mío!» (2 Sam. 18:33).

Los verdaderos hombres de Dios son sentimentales, ríen cuando tienen que reír y lloran cuando tienen que llorar. Los pastores lloran. Los obispos lloran. Los siervos de Jesucristo lloran. Ese tiempo para llorar debe ser respetado.

La muerte del rebelde y golpista Absalón tocó las entrañas profundas del rey David. Era el padre llorando y lamentándose por la muerte del hijo que amaba. Tres veces gritó en su duelo: "¡Hijo mío Absalón, hijo mío, hijo mío Absalón!". Y aún hubiera deseado haber muerto él antes que ver a su hijo muerto: "¡Quién me diera que muriera yo en lugar de ti, Absalón, hijo mío, hijo mío!" Los padres y madres desearían morir antes que sus hijos o hijas.

A todos nos llegará el día cuando lloraremos la muerte de algún ser querido, algún amigo o amiga o alguna persona muy apreciada por nosotros. Aunque sabemos hacia donde van los, seres queridos que mueren en Cristo, el sentimiento de dolor y el duelo que acompaña la partida y separación de ellos es algo que nos hiere profundamente.

Hay otra enseñanza en la elegía pronunciada por David a causa de la muerte del rey Saúl, aunque mayormente la muerte de su entrañable amigo Jonatán, que lo impactó emocionalmente:

«David compuso este lamento en honor de Saúl y de su hijo Jonatán. Lo llamó el «Cántico del Arco» y ordenó que lo enseñaran a los habitantes de Judá. Así consta en el libro de Jaser: » (2 Sam. 1:17-18, NVI).

La endecha, elegía, canto fúnebre que David pronunció por Saúl y Jonatán, es un clásico

«¡Oh Israel, tu orgullo y tu alegría yacen muertos en las colinas! ¡Oh, cómo han caído los héroes poderosos! No lo anuncien en Gat, ni lo proclamen en las calles de Ascalón, o las hijas de los filisteos se alegrarán y los paganos se reirán con aires de triunfo» (2 Sam. 1:19-20, NTV).

«Oh montes de Gilboa, que no caiga sobre ustedes lluvia ni rocío, ni haya campos fructíferos que produzcan ofrendas de grano. Pues fue allí donde se contaminó el escudo de los héroes poderosos; el escudo de Saúl ya no será ungido con aceite. El arco de Jonatán era potente, y la espada de Saúl realizó su trabajo mortífero. Derramaron la sangre de sus enemigos y atravesaron a muchos héroes poderosos» (2 Sam, 1:21-22, NTV).

«¡Cuán amados y agradables fueron Saúl y Jonatán! Estuvieron juntos en la vida y en la muerte. Eran más rápidos que águilas, más fuertes que leones. Oh mujeres de Israel, lloren por Saúl, porque él las vistió con lujosas ropas escarlatas, con prendas adornadas de oro» (2 Sam. 1:23-24, NTV).

«¡Oh, cómo han caído los héroes poderosos en batalla! Jonatán yace muerto en las colinas. ¡Cómo lloro por ti, Jonatán, hermano mío! ¡Oh, cuánto te amaba! Tu amor por mí fue profundo, ¡más profundo que el amor de las mujeres!» (2 Sam. 1:25-26, NTV).

«¡Oh, cómo han caído los héroes poderosos! Despojados de sus armas, yacen muertos» (2 Sam. 1:27, NTV).

Jesús de Nazaret tuvo una humanidad perfecta. Fue el hombre Dios con sentimientos humanos y lloró

Jesús lloró cuando entró a Jerusalén: «Y cuando llegó cerca de la ciudad, al verla, lloró sobre ella» (Lc. 19:41).

Aquí Jesús de Nazaret lloró como el profeta, quien vio en su espíritu la destrucción de Jerusalén, vio a la maravilla de aquel templo destruido por las hordas romanas y esto se cumplió en el año 70 de la era cristiana.

Jesús lloró ante la tumba de su amigo Lázaro: «Jesús entonces, al verla llorando, y a los judíos que la acompañaban, también llorando, se estremeció en espíritu y se conmovió, y dijo: ¿Dónde le pusisteis? Le dijeron: Señor, ven y ve. Jesús lloró. Dijeron entonces los judíos: Mirad cómo le amaba» (Jn. 11:33-36).

Marta, María y Lázaro fueron una familia de tres hermanos solteros, que amaban a Jesús y Jesús los amaba a ellos. La muerte de su amigo Lázaro, el Maestro la sintió y lloró.

Cristo lloró en el Getsemaní: «Y Cristo, en los días de su carne, ofreciendo ruegos y súplicas con gran clamor y lágrimas al que le podía librar de la muerte, fue oído a causa de su temor reverente» (Heb. 5:7).

En Getsemaní, Jesús de Nazaret el Cristo, lloró mientras oraba ante lo inminente de su muerte. La gran batalla se libró en el Getsemaní. De la gran aceituna de Dios –en la prensa de Dios– salió el aceite de la obediencia.

«Yendo un poco adelante, se postró sobre su rostro, orando y diciendo: Padre mío, si es posible, pase de mí esta copa; pero no sea como yo quiero, sino como tú» (Mt. 26:39).

«Otra vez fue, y oró por segunda vez, diciendo: Padre mío, si no puede pasar de mí esta copa sin que yo la beba, hágase tu voluntad» (Mt. 26:42).

«Vino otra vez y los halló durmiendo, porque los ojos de ellos estaban cargados de sueño. Y dejándolos, se fue de nuevo, y oró por tercera vez, diciendo las mismas palabras» (Mt. 26:43-44).

Conclusión

El dolor y duelo por la partida de un ser querido es algo terapéutico para el ser humano. El llorar es un mecanismo físico-fisiológico de descargar las presiones emocionales, es una válvula de escape emocional. Para vivir muchos años se debe reír mucho, se debe llorar mucho y se debe orar mucho.

22
Dolor y duelo trágico

Job 42:11, NVI

«Todos sus hermanos y hermanas, y todos los que antes lo habían conocido, fueron a su casa y celebraron con él un banquete. Lo animaron y lo consolaron por todas las calamidades que el Señor le había enviado, y cada uno de ellos le dio una moneda de plata y un anillo de oro»

Introducción

En el Antiguo Testamento tenemos varias menciones de personajes bíblicos que les tocó experimentar la muerte trágica y simultánea de varios de sus hijos. ¿Cómo reaccionaron? ¿Cómo se sobrepusieron?

1. El duelo de Efraín por sus dos hijos menores muertos simultáneamente

El texto de Reina Valera de 1960 es un poco ambiguo, en su traducción, da la impresión que "los hijos de Gat" mataron a todos los hijos de Efraín:

«Los hijos de Efraín: Sutela, Bered su hijo, Tahat su hijo, Elada su hijo, Tahat su hijo, Zabad su hijo, Sutela su hijo, Ezer y Elad. **Mas los hijos de Gat, naturales de aquella tierra, los mataron**, porque vinieron a tomarles sus ganados» (1 Cr. 7:20-21).

La Nueva Versión Internacional por su parte aclara más el sentido del pasaje bíblico en su traducción: «Los descendientes de Efraín en línea directa fueron

Sutela, Béred, Tajat, Eladá, Tajat, Zabad, Sutela, Ezer y Elad. Los habitantes de Gad **mataron a estos dos últimos** porque bajaron a robarles sus ganados»

Pero una vista diferente del incidente resulta si, en vez de la palabra "porque", traducimos la partícula hebrea por "cuando": «…cuando vinieron a tomarles sus ganados», porque el tenor del contexto conduce más bien a la conclusión de que 'los hombres de Gat' fueran los agresores, quienes, haciendo una repentina correría contra los rebaños de los efraimitas, mataron a los pastores, inclusive a varios hijos de Efraín.

El Comentario Bíblico y Exegético de la Biblia por Jamieson, Fausset y Brown, afirma:

«Desde luego esa expresión 'porque vinieron a tomarles sus ganados' ha dado base para que alguno que otro comentarista pueda pensar que los que vinieron a robar los ganados fueran los de Gat y no los de Efraín a ellos, ya que los de Efraín tendrían suficiente ganado. Me inclino a la postura que fueron a robar el ganado, los de Efraín" (publicado por Casa Bautista de Publicaciones. El Paso, Texas. Año 2003).

La aflicción de Efraín

«Durante mucho tiempo Efraín guardó luto por sus hijos, y sus parientes llegaron para consolarlo» (1 Cr. 7:22, NVI).

La Reina Valera 1960 dice: «Y Efraín su padre hizo duelo por muchos días, y vinieron sus hermanos para consolarlo» (1 Cr. 7:22). Esa expresión "hizo duelo" significa que lloró y guardó luto. Lo cual es una reacción humana normal de una persona por alguien que fallece, cuando le muere algún animal o mascota e incluso algo que pierde.

Los allegados a Efraín llegaron hasta él para traerle consuelo. Acompañar a alguien en su dolor o duelo, traerle consolación y mantener contacto con la persona es emocionalmente saludable.

La recuperación de Efraín

«Luego se unió a su esposa, la cual concibió y le dio a luz un hijo, a quien él llamó Beriá por la desgracia que su familia había sufrido» (1 Cr. 7:23, NVI).

El nacimiento de su hijo Bería compensó la gran pérdida de sus hijos Ezer y Elad. Efraín llamó Bería a su hijo: "porque había nacido en la desgracia de su casa". Bería significa "**tragedia**" e "**infortunio**". Hasta donde se pueda, el reemplazo de algo nuevo por algo perdido o substituir esto por aquello es muy beneficioso.

2. El dolor de Job por sus hijos e hijas muertos simultáneamente

"No había terminado de hablar este mensajero todavía cuando otro llegó y dijo: «Los hijos y las hijas de usted estaban celebrando un banquete en casa del mayor de todos ellos cuando, de pronto, un fuerte viento del desierto dio contra la casa y derribó sus cuatro esquinas. ¡Y la casa cayó sobre los jóvenes, y todos murieron! ¡Solo yo pude escapar, y ahora vengo a contárselo!»" (Job 1:18-19, NVI).

Estos padres experimentaron la desgracia de recibir la mala noticia de que todos sus hijos murieron aplastados bajo la casa que se les cayó encima. Una gran tragedia humana.

Probablemente Job era padre de siete hijos y tres hijas: «Sus hijos acostumbraban turnarse para celebrar banquetes en sus respectivas casas, e invitaban a sus tres hermanas a comer y beber con ellos» (Job 1:4, NVI).

Posteriormente, Job y su esposa fueron doblemente bendecidos: «Tuvo también catorce hijos y tres hijas. A la primera de ellas le puso por nombre Paloma, a la segunda la llamó Canela, y a la tercera, Linda» (Job 42:13-14, NVI).

Lo de los siete hijos previos se deduce porque el siete es número de bendición y el número catorce de doble bendición:

«Así que hubo en total catorce generaciones desde Abraham hasta David, catorce desde David hasta la deportación a Babilonia, y catorce desde la deportación hasta el Cristo» (Mt. 1:17, NVI).

Los nombres de las hijas de Job representan el nuevo estado de ánimo para Job y su esposa: Jemima o Paloma = paz; Cesia o Canela = buen olor; y Keren-hapuc o Linda = hermosura.

La aflicción de Job

«Al llegar a este punto, Job se levantó, se rasgó las vestiduras, se rasuró la cabeza, y luego se dejó caer al suelo en actitud de adoración» (Job 1:20, NVI).

Rasgar las vestiduras cuando alguien fallecía era una señal de dolor y de luto. Representaba que algo emocionalmente y sentimentalmente se había rasgado de la persona. Rasurar la cabeza era una demostración de la aflicción experimentada.

Cada ser humano reacciona de manera diferente ante el dolor causado por la muerte de un ser querido o de un amigo. Unos seres humanos son más expresivos y otros menos expresivos o más cohibidos en su manifestación de dolor, duelo y de luto.

La confesión de Job

"Entonces dijo: «Desnudo salí del vientre de mi madre, y desnudo he de partir. El Señor ha dado; el Señor ha quitado. ¡Bendito sea el nombre del Señor!» A pesar de todo esto, Job no pecó ni le echó la culpa a Dios" (Job 1:21-22, NVI).

Job sirve de gran ejemplo a los creyentes al aceptar la voluntad de Dios. Reconocer que llegamos a este mundo por su voluntad divina. Todo lo recibido es un acto de su voluntad divina. Todo lo perdido es aceptar su voluntad soberana. Jesucristo da y Jesucristo quita. Tenemos que ser sumisos y obedientes a su voluntad.

Conclusión

Muchas veces digo en los funerales que nuestro Señor Jesucristo se lleva a los menos fuertes en el dolor y luto, para dejar que los más fuertes los puedan llorar.

CUARTA PARTE
El suicidio

23
El suicidio de un creyente

Mateo 27:3-5, RV1960

«Entonces Judas, el que le había entregado, viendo que era condenado,
devolvió arrepentido las treinta piezas de plata a los principales sacerdotes
y a los ancianos, diciendo: Yo he pecado entregando sangre inocente. Mas ellos
dijeron: ¿Qué nos importa a nosotros? ¡Allá tú! Y arrojando las piezas
de plata en el templo, salió, y fue y se ahorcó»

Introducción

El suicidio se puede definir como la decisión propia de alguien de auto-disponer de su propia vida, la cesación de la vida personal por voluntad propia. Es no tomar en cuenta que la vida le pertenece a Dios, quien la da y quien tiene el derecho de quitarla.

No estoy de acuerdo con el suicidio, ni tampoco lo justifico. No hay una sola mención de la palabra suicidio en la Biblia. Pero se implica el acto del suicidio o el pensamiento del mismo en varios personajes. En el Nuevo Testamento Judas Iscariote presenta el único caso de suicidio. De los suicidios de la Biblia ninguno fue ejecutado por mujeres, solo por hombres. Tampoco hay una condenación directa del suicidio en la Biblia, y no se debe implicar en el Sexto Mandamiento que dice: «No matarás».

Ese silencio rodeado de misterios nos hace pensar que en muchos casos el juicio del suicida cristiano afectado en su razón, y con algún desequilibrio emocional, debe quedar ante la misericordia divina. Y declarar juicio sobre la tal persona podría ser una actitud precipitada por nuestra parte. No deseo ser malinterpretado, pero tampoco quiero juzgar y jugar a Dios.

1. Personajes en la Biblia que se suicidaron

El juez Abimelec se suicidó

«Mas una mujer dejó caer un pedazo de una rueda de molino sobre la cabeza de Abimelec, y le rompió el cráneo. Entonces llamó apresuradamente a su escudero, y le dijo: **Saca tu espada y mátame**, para que no se diga de mí: Una mujer lo mató. **Y su escudero le atravesó, y murió**» (Jue. 9:53, 54).

En este caso Abimelec, un juez, vio su muerte como algo inminente, y la vergüenza grande de su muerte por causa de una mujer, por lo que este optó por pedirle a su escudero como última asignación que lo matara. Esto implica técnicamente que Abimelec no cometió suicidio, sino que murió por su asistente militar.

El juez Sansón se suicidó

«Y dijo Sansón: **Muera yo con los filisteos**. Entonces se inclinó con toda su fuerza, y cayó la casa sobre los principales, y sobre todo el pueblo que estaba en ella. **Y los que mató al morir fueron muchos más que los que había matado durante su vida**» (Jue. 16:30).

Sansón por el desenfreno de sus pasiones, y la coquetería con las mujeres filisteas, terminó atrapado en las telarañas de la tarántula filistea llamada Dalila. Por causa de ella y de su debilidad como hombre de Dios, Sansón lo perdió todo. Perdió su reputación. Perdió su posición de juez. Perdió su unción. Perdió su libertad. Perdió sus ojos.

Pero el pelo le creció a Sansón, y así le creció de nuevo la fe en Dios, le creció la unción en su vida, y le creció el deseo de hacer algo en contra de los filisteos que se mofaban de él. Sansón murió heroicamente. Con su muerte ganó la mayor victoria de su vida. Es uno de los héroes de la fe mencionado en el Pabellón de la Fe del libro de Hebreos: «¿Y qué más digo? porque el tiempo me faltará contando de Gedeón, de Barac, de Sansón, de Jephté, de David, de Samuel, y de los profetas» (Heb. 11:32).

Es de notarse que en los héroes de la fe de Hebreos, no aparece Salomón, él cual se descalificó de este «Salón de la fama de la Fe». Pero sí aparece Sansón que cometió un suicidio heroico. ¡Dios tuvo misericordia de él!

El rey Saúl se suicidó

«Entonces dijo Saúl a su escudero: Saca tu espada, y traspásame con ella, para que no vengan estos incircuncisos y me traspasen, y me escarnezcan. Mas su escudero no quería, porque tenía gran temor. Entonces **tomó Saúl su propia espada y se echó sobre ella**» (1 Sam. 31:4).

Saúl prefirió suicidarse antes que ser escarnecido por los filisteos. Al negarse su escudero a quitarle la vida, porque honró a su rey Saúl, este monarca tuvo que tomar una decisión rápida y honorable precipitando su muerte inevitable, escapando así del escarnio, abuso y afrenta filistea. Pero en el listado de los héroes de la fe, su nombre está omitido. Su suicidio fue también heroico.

El escudero de Saúl se suicidó

«Y viendo su escudero a Saúl muerto, él también **se echó sobre su espada, y murió con él**» (1 Sam. 31:5).

El escudero de Saúl optó por el suicidio, acompañando en la muerte a su rey, y de esa manera poder honrar a su líder. No tenía otra alternativa. Su misión era cuidar con su vida al monarca israelita, y él correría la misma suerte que su rey por parte de los filisteos que lo harían sufrir. ¡Murió heroicamente por su propia decisión!

El consejero Ahitofel se suicidó

«Pero **Ahitofel**, viendo que no se había seguido su consejo, enalbardó su asno, y se levantó y se fue a su casa a su ciudad; y después de poner su casa en orden, **se ahorcó, y así murió**, y fue sepultado en el sepulcro de su padre» (2 Sam. 17:23).

Ahitofel al ver que el rebelde príncipe Absalón no siguió su consejo, y como hombre de experiencia que preveía la inminente y futura derrota del rebelde hijo del rey de Judá, puso su casa en orden, y con honor ante el rechazo se quitó su propia vida.

El siervo Zimri se suicidó

«Mas viendo **Zimri** tomada la ciudad, se metió en el palacio de la casa real, y **prendió fuego a la casa consigo**; y así murió» (1 R. 16:18). Una vez más vemos un caso de suicidio ante una derrota militar y una muerte inminente. Él quemó su palacio real y se quedó dentro del mismo, terminando así su vida. ¡Todo lo había perdido!

El líder Razís de Jerusalén

En segunda de Macabeos 14:37-46, libro apócrifo para los evangélicos y deuterocanónico para los católicos, se habla de un personaje importante de Jerusalén llamado Razís, cuyo acto de suicidio se ve como una hazaña heroica:

> Había en Jerusalén un hombre llamado **Razís**, que era uno de los líderes de la ciudad y se preocupaba mucho por el bienestar de su pueblo. Gozaba de muy buena fama y, debido a su generosidad, lo llamaban «**Padre de los judíos**». Pues bien, a este hombre lo acusaron ante el gobernador Nicanor. Ya antes, durante la guerra, también lo habían acusado de defender la religión judía. Pero **Razís**, por amor a su fe, estaba dispuesto a entregar su vida. Entonces Nicanor, para mostrar su odio hacia los judíos, envió a más de quinientos soldados para que lo apresaran. Nicanor estaba seguro de que esto les causaría un gran dolor a los judíos (2 Mac. 14:37-40, TLAD).

> Los soldados habían recibido la orden de quemar la torre donde estaba Razís, y estaban a punto de derribar la puerta. **Razís**, por su parte, **al verse completamente rodeado, tomó su espada y se la clavó**. Prefirió morir con dignidad, antes que caer en las manos de esos asesinos y sufrir sus insultos y burlas. Pero, en su apuro, **no logró matarse**. Entonces, al ver que los enemigos ya estaban entrando por la puerta, **corrió hacia la parte alta de la muralla, y se lanzó con valor sobre la tropa. Los soldados, al verlo, lo esquivaron**, de modo que **Razís cayó al suelo en medio de ellos**. Casi muerto, se levantó con valentía, y a pesar de que sus heridas sangraban abundantemente, **logró pasar por en medio de la tropa y subirse a una roca**. Allí, **poco antes de morir, se arrancó los intestinos con las dos manos, y los arrojó sobre la tropa**, mientras le pedía a Dios, dador de la vida y del espíritu, que algún día se los devolviera. **Así murió Razís** (2 Mac. 14:41-46, TLAD).

El apóstol Judas Iscariote se suicidó

«Entonces **Judas**, el que le había entregado, viendo que era condenado, devolvió arrepentido las treinta piezas de plata a los principales sacerdotes y a los ancianos, diciendo: Yo he pecado entregando sangre inocente. Mas ellos dijeron: ¿Qué nos importa a nosotros? ¡Allá tú! Y arrojando las piezas de plata en el templo, **salió, y fue y se ahorcó**» (Mt. 27:3-5).

Judas el tesorero del grupo de los doce establecidos por Jesús el Cristo, traicionó a su líder, lo vendió por treinta monedas de plata (Mt. 27:3). Se nos dice que fue ante los líderes religiosos para la devolución del dinero, reconociendo su grave error: «Yo he pecado entregando sangre inocente» (Mt. 27:4). «... devolvió arrepentido las treinta piezas de plata a los principales sacerdotes y a los ancianos».

En él hubo un arrepentimiento emocional ante aquellos líderes, por lo que había hecho con su Maestro de Galilea. Se expresó reconociendo el gravísimo error cometido: «Yo he pecado entregando sangre inocente...». ¡Judas estaba bajo una fuerte depresión espiritual! Pero a ellos no les importó. El tiró las monedas al piso, «salió, y fue y se ahorcó» (Mt. 27:5).

Siempre hemos visto a Judas Iscariote como el traidor, el ladrón, el mezquino; un verdadero «vampiro humano». Juan Bosch escribió un libro que leí hace muchos años titulado: «Judas el calumniado». Respetando el criterio del ya fallecido literato, autor, politicólogo, Juan Bosh, Judas aunque culpable de muchas cosas, es una figura histórica calumniada. Así son muchos los seres humanos que terminan en las páginas arrancadas de la historia como calumniados.

Juan Bosch nos declara: «Sólo Juan, 'el más querido' de Jesús, se ocupa con especial detenimiento, pero también con inquina y animadversión, de Judas. No sólo lo tilda de traidor, sino también de ladrón; pero si éste era un ladrón, como afirma Juan, ¿cómo es posible que Jesús, el Maestro, le mantuviera al frente de la administración de las finanzas del grupo, a pesar, sin duda, de las denuncias que al respecto debió hacer Juan? Es llamativo que, durante la vida de Judas, estas acusaciones no existieran y que sea después de su muerte cuando comenzaron los ataques. ¿Por qué no se le expulsó del grupo si era un ladrón o un mal administrador?» (*Judas Iscariote, el Calumniado*).

Judas Iscariote, cuyo padre se llamaba «Simón» (Jn. 6:71; 12:4), fue un ser humano que por su ambición vendió a su Maestro, y cuando vio su error, no lo pudo enmendar y quizá pensando en el rechazo de sus amigos del grupo de los doce, y de todos aquellos y aquellas que habían creído en el Galileo, se vio sin otra opción en su confusión emocional, depresión aguda, y con una vida sin sentido, que en venganza contra sí mismo, decidió ahorcarse. Ya que para hacerlo así necesitaba menos valor.

La tradición lucanina en Hechos 1:16-18, describe la muerte y la sucesión de Judas: «Varones hermanos, era necesario que se cumpliese la Escritura en que el Espíritu Santo habló antes por boca de David acerca de Judas, que fue guía de los que prendieron a Jesús, y era contado con nosotros, y tenía parte en este ministerio. Éste, pues, con el salario de su iniquidad adquirió un campo, y cayendo de cabeza, se reventó por la mitad, y todas sus entrañas se derramaron».

Pero por otro lado, que es el que nos interesa, pensemos en Judas como un ser humano que cometió un grave error (que nos benefició a nosotros), y ante ese sentimiento de culpa extremada, su fallido intento de rehacer lo que deshizo, puso la vida eterna en la balanza de su propia decisión, ahorcándose, y su cuerpo balanceándose en el valle del Gehena, hasta que la cuerda se rompió y su cadáver cayó desparramando sus entrañas (Hch. 1:16-19).

Juan el evangelista *a posteriori* señala a Judas como un ladrón: «Y dijo uno de sus discípulos, Judas Iscariote hijo de Simón, el que le había de entregar: ¿Por qué no fue este perfume vendido por trescientos denarios, y dado a los pobres? Pero dijo esto, no porque se cuidara de los pobres, sino porque era ladrón, y teniendo la bolsa, sustraía de lo que se echaba en ella» (Jn. 12:5-6).

De esa manera Judas Iscariote, se sumó a la lista de muchos otros famosos traidores antes que él y después de él. Aun entre los cristianos, el nombre Judas es un tabú, que nadie se lo daría a un hijo. Para los judíos Judas es un nombre heroico como fundador de una de las doce tribus; un libertador en la época de Antíoco Epífanez conocido como «Judas Macabeo», fundador de la dinastía asmonea. En el libro de los Hechos se mencionan a varios personajes con el nombre Judas.

2. Personajes bíblicos con un sentimiento depresivo de muerte

Job afligido por la enfermedad deseó la muerte

«Llegó el momento en que Job ya no pudo más y comenzó a maldecir el día en que nació. Entonces, dijo: **¡Maldito sea el día en que nací! Maldita la noche en que anunciaron: ¡Fue niño! ¡Qué borren del calendario ese día! ¡Que nadie se acuerde de él, ni siquiera el Dios del cielo!** ¡Que sea arrojado en las tinieblas y todos se olviden de él!

¡Que en esa noche nadie vuelva a nacer! ¡Que nadie grite de alegría! ¡Que maldigan ese día los que tienen poder sobre el monstruo del mar! ¡Que ese día no salga el sol ni se vea la estrella de la mañana, porque me dejó nacer en un mundo de miserias! **Mejor hubiera nacido muerto. ¡Así nadie me habría abrazado ni me habría amamantado, y ahora estaría descansando en paz!**

¡Estaría en la compañía de esos reyes, gobernantes y consejeros que construyeron grandes monumentos y llenaron de oro y plata sus palacios!

Mejor me hubieran enterrado como se entierra a los niños que nacen antes de tiempo y nunca llegan a ver el sol. Para los cansados y prisioneros, la muerte es un descanso, pues ya no oyen gritar al capataz. Con la muerte, los malvados dejan de hacer destrozos.

En la muerte se encuentran los débiles y los poderosos, y los esclavos se libran de sus amos. **¿Por qué nos deja nacer Dios si en la vida sólo vamos a sufrir? ¿Por qué deja seguir viviendo a los que viven amargados?** Buscan con ansias la muerte, como si buscaran un tesoro escondido. **Quisieran morirse, pero la muerte no llega. ¡Muy grande sería su alegría si pudieran bajar a la**

tumba! Dios nos cierra el paso y nos hace caminar a ciegas. Lágrimas y quejas son todo mi alimento. **Ya he perdido la paz**. Mis peores temores se han hecho realidad (Job 3:1-26, TLA).

No puedo evitar hablar; **debo expresar mi angustia. Mi alma llena de amargura debe quejarse**. ¿Soy yo un monstruo marino o un dragón para que me pongas bajo custodia? Pienso: Mi cama me dará consuelo, y el sueño aliviará mi sufrimiento; pero entonces me destrozas con sueños y me aterras con visiones. **Preferiría ser estrangulado; mejor morir que sufrir así. Odio mi vida y no quiero seguir viviendo**. Oh, déjame en paz durante los pocos días que me quedan» (Job 7:11-16, NTV).

Moisés enojado pidió a Dios ser raído del libro de la vida

«Entonces volvió Moisés a Jehová, y dijo: Te ruego, pues este pueblo ha cometido un gran pecado, porque se hicieron dioses de oro, que perdones ahora su pecado, y si no, **ráeme ahora de tu libro que has escrito**. Y Jehová respondió a Moisés: Al que pecare contra mí, a éste raeré yo de mi libro» (Éx. 32:31-33).

Moisés habló irracionalmente ante el juicio pronunciado por Jehová Dios hacia el pueblo de Israel, al cual amaba Moisés. Pero él no podía amar a Israel más que Dios, y no podía sufrir por ese pueblo más que Dios.

Ningún ministro o pastor puede amar la Iglesia más que Jesucristo. Ni sufrir más por la Iglesia que lo que Jesucristo sufrió en Getsemaní, ante los tribunales judíos y gentiles, y en el suplicio del Calvario. La pasión de Jesucristo comenzó en el monte de los Olivos y terminó en el monte Calvario.

Elías deprimido deseó morirse

«Y él se fue por el desierto un día de camino, y vino y se sentó debajo de un enebro; y deseando morirse, dijo: **Basta ya, oh Jehová, quítame la vida, pues no soy yo mejor que mis padres**. Y echándose debajo del enebro, se quedó dormido; y he aquí luego un ángel le tocó, y le dijo: Levántate, come. Entonces él miró, y he aquí a su cabecera una torta cocida sobre las ascuas, y una vasija de agua; y comió y bebió, y volvió a dormirse. Y volviendo el ángel de Jehová la segunda vez, lo tocó, diciendo: Levántate y come, porque largo camino te resta. Se levantó, pues, y comió y bebió; y fortalecido con aquella comida caminó cuarenta días y cuarenta noches hasta Horeb, el monte de Dios» (1 R. 19:4-8).

Después de una gran victoria ante los profetas de Baal y los profetas de Asera, y ver un gran milagro de lluvia después de tres años y medio de sequía, las palabras de Jezabel sumieron a Elías en una profunda depresión espiritual. Elías, de la cima de la victoria espiritual, descendió a la sima del fracaso humano.

Jeremías maldijo el día que nació

¡Sin embargo, maldigo el día en que nací! Que nadie celebre el día de mi nacimiento. **Maldigo al mensajero que le dijo a mi padre: «¡Buenas noticias! ¡Es un varón!».** Que lo destruyan como a las ciudades de la antigüedad que el Señor derribó sin misericordia. Asústenlo todo el día con gritos de batalla, **porque no me mató al nacer. ¡Oh, si tan solo hubiera muerto en el vientre de mi madre, si su cuerpo hubiera sido mi tumba! ¿Por qué habré nacido?** Mi vida entera se ha llenado de dificultades, de dolor y de vergüenza (Jer. 20:14-18, NTV).

Jonás molesto deseó la muerte

Ahora pues, oh Jehová, **te ruego que me quites la vida; porque mejor me es la muerte que la vida** (Jon. 4:3).

Y aconteció que al salir el sol, preparó Dios un recio viento solano, y el sol hirió a Jonás en la cabeza, y se desmayaba, **y deseaba la muerte**, diciendo: **Mejor sería para mí la muerte que la vida.** Entonces dijo Dios a Jonás: **¿Tanto te enojas por la calabacera?** Y él respondió: **Mucho me enojo, hasta la muerte** (Jon. 4:8, 9).

Jonás se deprimió ante el éxito total y masivo de su asignación misionera. Toda la ciudad de Nínive respondió al llamado del altar en arrepentimiento. El predicador ante esa gran campaña de logro humano y espiritual, se deprimió a lo sumo. El éxito espiritual lo deprimió espiritualmente. Personas exitosas, pero muy deprimidas, han abrigados sentimientos de una muerte prematura e inducida.

El apóstol Pedro en la elección del sucesor de Judas Iscariote, encuentra una doble justificación profética en dos Salmos:

Varones hermanos, era necesario que se cumpliese la Escritura en que el Espíritu Santo habló antes por boca de David acerca de Judas, que fue guía de los que prendieron a Jesús (Hch. 1:16).

Porque está escrito en el libro de los Salmos: Sea hecha desierta su habitación, y no haya quien more en ella; y tome otro su oficio (Hch. 1:20).

Sea su palacio asolado; en sus tiendas no haya morador (Sal. 69:25).

Sean sus días pocos; tome otro su oficio (Sal. 109:8).

El carcelero de Filipo se quiso suicidar

Despertando el carcelero, y viendo abiertas las puertas de la cárcel, **sacó la espada y se iba a matar**, pensando que los presos habían huido. Mas Pablo clamó a gran voz, diciendo: No te hagas ningún mal, pues todos estamos aquí (Hch. 16:27, 28).

Al ver el carcelero de Filipo que las puertas de la cárcel estaban abiertas, creyéndose que los prisioneros habían escapado, decidió cometer suicidio, que por cierto era la norma militar ante estos sucesos: «... sacó la espada y se iba a matar...» (Hch. 16:27). Su suicidio no era motivado por una depresión, sino por una responsabilidad, por su honor militar.

Pablo de Tarso con voz potente le gritó: «No te hagas ningún mal, pues todos estamos aquí» (Hch. 16:28). Las palabras oportunas de Pablo, libraron a aquel ser humano de terminar honorablemente con su vida, según la costumbre de sus días.

Hemos conocido gente buena, maravillosa, cristiana, que han amado a Jesucristo, personas ejemplares, que se han deprimido, y se han metido por la puerta del suicidio. Un descontrol en la química del cerebro lleva al suicidio. Solo nos resta dejar su destino en las manos de Dios. Solo Dios sabrá cómo tratar en su misericordia con estos casos afectados por una depresión crónica.

Ante una situación fuera de su control por aquel terremoto, y pensando que los presos habían escapado por las puertas abiertas, y estando ellos bajo su responsabilidad, el carcelero de Filipo, se vio un fracasado en su trabajo, y decidió quitarse la vida.

Pablo de Tarso lo refrenó y le dio una palabra de seguridad: «No te hagas ningún mal, pues todos estamos aquí». Aquel hombre se iba a quitar la vida por algo que no era real. Su responsabilidad le bloqueó mentalmente su realidad.

3. Casos que puedo citar de suicidas cristianos

Una compañera de trabajo. La conocí a principios de los años 70 en el Commodore Hotel de la Calle 42 y Avenida Lexington en Manhattan, NY. Fue una cristiana de buen testimonio. Juntos conversábamos del amor y la gracia divina. Su esposo le fue infiel con otra mujer. Una tarde se puso una bata de dormir. Tomó una canasta y la sostuvo sobre su cabeza y se arrojó desde una escalera de incendio en el área de Flatbush, Brooklyn, New York. Todos en el trabajo nos sorprendimos. Jamás hubiera yo pensado que esa mujer llena del Espíritu Santo, estuviera llena de tanto dolor, y de una gran depresión espiritual.

Prediqué en su funeral y destaqué sus extraordinarias cualidades como madre, esposa, amiga, compañera de trabajo, y una creyente pentecostal de mucha fe. Su crisis personal la llevó a decidir quitarse la vida.

Un destacado pastor. Lo conocí por los años 90. Era un maestro de maestros, un predicador de predicadores, un líder de líderes. Ya estaba en la tercera vida. Había comenzado un macro proyecto de construcción. El contratista le había engañado con miles de dólares del fondo de la iglesia. Un hijo suyo fue ultimado a balazos en la marquesina de su casa frente a él.

El domingo predicó a los feligreses de su congregación sobre la fe en esta vida y la esperanza después de la muerte. ¡Nada raro se veía o escuchaba de él! Una madrugada se levantó de la cama, y fue al cuarto sanitario. Se amarró con una correa y cometió suicidio. Su muerte sorprendió a todo el mundo. En su corazón portaba una profunda tristeza.

Un ministro conocido. Era un hombre de mucha oración y ayuno. Predicaba con unción la Palabra de Dios. Ayudó a muchos a cambiar su vida, dándoles consejo y ánimo. Un día discutió con su ex-esposa mientras le hacía una visita buscando alguna solución a una situación personal. Descendió al sótano de la casa, y allí se ahorcó.

El hijo de un tele-evangelista. En el año 1982, el tercer hijo de Oral Roberts de Tulsa, Oklahoma, cometió suicidio. Algo chocante para el famoso evangelista y para el mundo pentecostal.

El hijo de un destacado ministro. El Pastor Rick Warren, autor de *Vida con propósito*, que ha ayudado a miles de personas, recibió la noticia de que su hijo se había suicidado disparándose a la cabeza. Era un joven que siempre había luchado con la depresión.

Un comentario decía de él: «A los 27 años de edad, Matthew era un joven muy amable, gentil y compasivo cuyo espíritu era dulce aliento y consuelo de muchos», dijo la Iglesia Saddleback en un comunicado. «Desafortunadamente, también sufría una enfermedad mental que desembocó en una profunda depresión y pensamientos suicidas».

Pastor de mega-iglesia se suicida. El Pastor Isaac Hunter, líder de una mega-iglesia, el día 10 de diciembre del 2013, cometió suicidio. Era hijo del Rvdo. Joel Hunter y consejero espiritual del Presidente Barack Hussein Obama. Él confesó haber tenido relaciones íntimas con una trabajadora en el ministerio. A causa de lo cual renunció como pastor. Su esposa puso una orden de protección, alegando que él tenía una conducta errática, inestable y con compulsión suicida.

La hija de prominente líder evangélico se suicidó. La hija del Ex-Presidente de la Convención Bautista del Sur, Frank Page, en el año 2009 cometió suicidio. El líder escribió el libro *Melisa* sobre el suicidio de su hija.

Pastor bautista se suicidó. El 10 de noviembre del 2013, después de un servicio religioso en su congregación, ésta se enteró que el Pastor Teddy Parker (afroamericano), y pastor de la Iglesia Bautista Bibb Mount Zion, Macon, Georgia, Estados Unidos, se suicidó de un disparo en el garaje de su hogar.

Un pastor pentecostal de Brasil se suicidó. Las palabras del Pastor Julio Cesar Da Silva de una organización pentecostal en Brasil, antes de cometer suicidio fueron un mensaje para los pastores y para los feligreses:

No importa lo que hagas por ellos, nunca te van a agradecer. No importa que postergues a tu familia por entregarte a ellos, es tu deber dirán, y te criticarán porque prefieres a tu familia o porque los pospones. Te criticarán porque predicas, porque oras, porque ayudas al necesitado, porque no estuviste para sus cumpleaños, etc. La gente siempre se olvidará de todo lo que haces por ellos. Se enojarán contigo, tomarán su familia y se irán de la iglesia sin decirte «adiós ni muchos menos gracias».

El ministerio duele, hace daño, vives en soledad y depresión constante. La gente no se interesa por su pastor, ni por lo que le pueda suceder o sufrir. Si te enfermas dirán que estás en pecado, si te va mal en las finanzas dirán que administras mal el dinero, si tienes conflictos en el matrimonio dirán que no eres un buen sacerdote de tu hogar, si se va la gente dirán que es tu culpa. Si tus hijos se desvían dirán que tus hijos son demonios o qué clase de padre eres. Al final, nadie está para el pastor. A nadie le importa su vida ni sus necesidades.

Pastora brasileña se suicida

A continuación una noticia recogida por BREAKING, INSOLITO el 28 de diciembre del 2017:

La pastora Lucimari Alves Barro, de la Iglesia del Evangelio Cuadrangular, de Criciúma, Santa Catarina, se suicidó este miércoles (27). Es el tercer caso en el país en el mes de diciembre. Los otros dos casos fueron de líderes de la Asamblea de Dios, Júlio Cesar (Río de Janeiro) y Ricardo Moisés (Paraná).

Lucimari estaba casada con el pastor Sandro Barro. Ella no dejó ninguna nota y la familia no se manifestó públicamente sobre lo que habría motivado el acto. La pastora fue sepultada la tarde de este jueves en Criciúma.

En las redes sociales, varios pastores lamentaron lo ocurrido, y se expresaron de esta manera:

Pastor teclas Aimée, utilizó su Facebook para dejar un mensaje de condolencias: «Mi corazón está destrozado por la pérdida de esta querida pastora, querida y dedicada a trabajar, que por desgracia se quitó la vida.

Dijo también que la Iglesia necesita despertar a este problema. Ciertamente no lo hizo porque era débil. Muchos de nosotros pastores andamos muy solos, necesitamos amigos, gente para desahogarnos, personas que no van a exponer nuestras heridas, sino que van a amarnos y tener misericordia, amigos para orientarnos y entendernos como ser humano, sin juicios, y no sólo mirar hacia nosotros como 'pastores superhéroes'.

Iglesia, vamos a dejar de juzgar, vamos a amar más, vamos a oírnos unos a otros sin juicio. Yo pasé por la depresión, pensé varias veces en quitarme la vida, pero tuve amigos que me sostuvieron en oración, amor y fe. Mi corazón me duele por estar como iglesia tan lejos de nuestros colegas que necesitan amor, atención o sólo de alguien para oírlos.

Triste saber que muchos hombres y mujeres de Dios están desistiendo de la vida, por la presión y los ataques espirituales y dificultades encontradas a lo largo del camino, sin apoyo muchas veces; siempre están presente en la vida de las personas que los necesitan, pero cuando ellos lo necesitan se ven solos; si su iglesia está bien es blanco de las críticas de los compañeros que en vez de alegrarse con el crecimiento se llenan de celos y tuercen para que algo malo suceda con el pastor para ver su caída».

También hizo un desahogo: «Muchos no saben, hasta piensan que la vida de pastor es fácil, es buena. No saben la lucha espiritual que enfrentan, pues no luchamos contra carne y sangre, sino contra espíritus malignos que actúan en la vida de las personas. Guerreros contra el infierno para atraer a la gente a Dios».

Pidió por la intercesión de la iglesia, por los líderes: «Necesitamos protección porque enfrentamos muchas trampas y ataques espirituales a lo largo de la jornada. Que Dios guarde a los pastores que tienen compromiso con el reino de Dios, de todo desanimo y ataques espirituales».

Una congregante de la iglesia se suicidó. Ella había llegado a nuestra congregación muy afligida, le había sido infiel a su amiga con su esposo. Esta hermana llegó a vivir en la casa de su amiga y el esposo de esta la enamoró. Ambos terminaron pecando.

Eso le produjo una aguda depresión. Mi esposa y yo le ministramos. Vimos un cambio de 180 grados. Todo se veía bien. Asistía regularmente a la congregación. Continuaba en un trabajo doméstico, en uno de los condados de la ciudad de Nueva York.

Un día recibí la noticia, que ella abrió la Biblia en el Salmo 23, encendió la radio y sintonizó una emisora cristiana, se amarró una sabana a su cuello, y desde un tubo en el techo de un sótano, se desplomó.

Reconocido pastor se suicidó en la ciudad de New York. En julio del año 2017, un pastor que estaba desarrollando un gran proyecto de construcción de un mega-templo, muy querido por muchos, admirado por sus feligreses, amarró una soga a una pesa, la puso sobre su cuello, y se desnucó al arrojarse en un muelle cercano a su residencia. ¡Sufrió de mucha depresión!

4. Carta del famoso cardiocirujano, el Dr. René Favaloro, antes de suicidarse de un disparo al corazón

Yo no puedo decir lo mismo. A mí me ha derrotado esta sociedad corrupta que todo lo controla. Estoy cansado de recibir homenajes y elogios a nivel internacional. Hace pocos días fui incluido en el grupo selecto de las leyendas del milenio en cirugía cardiovascular.

El año pasado debí participar en varios países, desde Suecia a la India escuchando siempre lo mismo «¡La leyenda, la leyenda!».

Quizá el pecado capital que he cometido, aquí en mi país, fue expresar siempre en voz alta mis sentimientos, mis críticas, insisto, en esta sociedad del privilegio, donde unos pocos gozan hasta el hartazgo, mientras la mayoría vive en la miseria y la desesperación. Todo esto no se perdona, por el contrario se castiga.

Me consuela el haber atendido a mis pacientes sin distinción de ninguna naturaleza. Mis colaboradores saben de mi inclinación por los pobres, que viene de mis lejanos años en Jacinto Arauz.

Estoy cansado de luchar y luchar, galopando contra el viento como decía Don Ata. No puedo cambiar. No ha sido una decisión fácil pero sí meditada. No se hable de debilidad o valentía.

El cirujano vive con la muerte, es su compañera inseparable, hable de debilidad o valentía. El cirujano vive con la muerte, es su compañera inseparable, con ella me voy de la mano.

Sólo espero no se haga de este acto una comedia. Al periodismo le pido que tenga un poco de piedad. Estoy tranquilo. Alguna vez en un acto académico en USA se me presentó como a un hombre bueno que sigue siendo un médico rural. Perdónenme, pero creo, es cierto. Espero que me recuerden así.

En estos días he mandado cartas desesperadas a entidades nacionales, provinciales, empresarios, sin recibir respuesta. En la Fundación ha comenzado a actuar un comité de crisis con asesoramiento externo. Ayer empezaron a producirse las primeras cesantías. Algunos, pocos, han sido colaboradores fieles y dedicados. El lunes no podría dar la cara.

A mi familia en particular, a mis queridos sobrinos, a mis colaboradores, a mis amigos, recuerden que llegué a los 77 años. No aflojen, tienen la obligación de seguir luchando por lo menos hasta alcanzar la misma edad, que no es poco.

Una vez más reitero la obligación de cremarme inmediatamente sin perder tiempo y tirar mis cenizas en los montes cercanos a Jacinto Arauz, allá en La Pampa. Queda terminantemente prohibido realizar ceremonias religiosas o civiles.

Un abrazo a todos
René Favaloro

5. Carta de la famosa Virginia Woolf, una extraordinaria novelista, cuentista y poetisa. Puso sobre su cabeza un tapado que había llenado con piedras y se lanzó al río Ouse, en el Reino Unido

Querido: Siento con absoluta seguridad que voy a enloquecer de nuevo. Creo que no podemos pasar otra vez por una de esas terribles épocas. Yo sé que esta vez no podré recuperarme. Estoy comenzando a escuchar voces, y me es imposible concentrarme. Así que hago lo mejor que puedo hacer. Tú me diste la máxima felicidad posible. Fuiste en todos los sentidos todo lo que uno puede ser. No creo que haya habido dos personas más felices que nosotros, hasta que llegó esta terrible enfermedad. No puedo luchar más. Sé que estoy arruinando tu vida, que sin mí tú podrás trabajar. Sé que lo harás, lo sé. Ya ves que no puedo ni siquiera escribir esto adecuadamente. No puedo leer. Lo que quiero decir es que te debo a ti toda la felicidad que tuve en mi vida. Fuiste totalmente paciente conmigo e increíblemente bueno. Quiero decirlo, todo el mundo lo sabe. Si alguien hubiera podido salvarme, ese alguien hubieras sido tú. Ya no queda en mí nada que no sea la certidumbre de tu bondad. No puedo seguir arruinando tu vida durante más tiempo. No creo que dos personas puedan ser más felices de lo que lo hemos sido tú y yo.

6. El juicio sobre los suicidas solo pertenece a Dios

Dios tiene misericordia de quien tiene misericordia: «Pues a Moisés dice: Tendré misericordia del que yo tenga misericordia, y me compadeceré del que yo me compadezca. Así que no depende del que quiere, ni del que corre, sino de Dios que tiene misericordia» (Rom. 9:15-16).

«Pues Dios le dijo a Moisés: Tendré misericordia de quien yo quiera y mostraré compasión con quien yo quiera». Por lo tanto, es Dios quien decide tener misericordia. No depende de nuestro deseo ni de nuestro esfuerzo (NTV).

«Porque Dios le dijo a Moisés: Yo tendré compasión de quien yo quiera tenerla». Así que la elección de Dios no depende de que alguien quiera ser elegido, o se esfuerce por serlo. Más bien, depende de que Dios le tenga compasión (TLA).

El pasaje anterior nos muestra la ilimitación de la misericordia divina, que contrasta con la limitación de la misericordia humana. Dios no piensa como los humanos. Dios no siente como los humanos. Dios no actúa como los humanos. Dios es soberano, hace lo que quiere y dice lo que quiere.

Jesucristo nunca abordó el tema directo del suicidio. La Biblia no toma directamente una postura radical en contra del suicidio. Aunque la tradición judeocristiana ha visto el acto del suicidio como un acto de desafío contra la soberanía de Dios. Éticamente y moralmente el suicidio es una acción mala.

San Agustín en su libro *La Ciudad de Dios* declaró sobre el suicidio: «¡Oh qué vida tan feliz que recurre a la muerte para ponerle fin! Si es una vida feliz, continúese viviendo en ella. Pero si por unos males como estos se pretende escapar de ella, ¿cómo va a ser feliz? ¿Conque son males estos que triunfan sobre un bien que es fortaleza, y no solo la obligan a rendirse ante ella, sino que hacen disparatar diciendo que una vida así es feliz, pero que hay que huir de ella? ¿Cómo se puede estar tan ciego para no ver que si es feliz no hay por qué escapar de ella? Pero si se ven obligados a confesar que hay que abandonarla por el peso de sus calamidades, ¿qué razón hay para no reconocer desgraciada esta vida, humillando su orgullosa cerviz? Una pregunta: ¿El célebre Catón se suicidó por paciencia o más bien por su impaciencia? Nunca habría hecho lo que hizo si hubiera sabido soportar pacientemente la victoria de César. ¿Dónde está su fortaleza? Se rindió, sucumbió, fue derrotado hasta abandonar esta vida, hasta desertar, hasta huir de ella. ¿O es que ya no era feliz? Luego entonces era desgraciado: ¿Y cómo es que no eran males los que convertían la vida en desgraciada y repudiable?».

Tampoco se puede obviar el para-suicidio, que es el acto de intento de suicidio en una persona, infligiéndose daño corporal. Y que eventualmente los para-suicidas en un 10 a 14% terminarán consumando el acto final de un suicidio.

ERC en su artículo «Suicidio desde una perspectiva cristiana» compartió los siguientes datos: Anualmente medio millón de personas en Estados Unidos intentarán suicidarse. Unas 29 mil personas lo realizarán. Sus edades fluctúan entre los 15 a 25 años de edad. El 72% de los suicidios logrados son cometidos por hombres. Las mujeres intentarán más los suicidios, pero cuatro hombres lo lograrán con respecto a una mujer.

«El suicidio casi siempre ocurre en respuesta al sufrimiento o a la anticipación del sufrimiento. El sufrimiento puede ser físico, mental, emocional o de naturaleza espiritual. Las razones mayores para el suicidio incluyen: depresión, problemas financieros, desilusión con un relación, como forma de protesta, confusión de género sexual, ritual religioso, escapar de un castigo, y escapar del dolor».

Los suicidas, afectados por un desequilibrio emocional, han sido impulsados a cometer el mismo. Y aunque no estoy de acuerdo con el suicidio, no puedo justificar al que lo haya hecho, tampoco puedo condenar radicalmente a un cristiano que por trastornos psíquicos, depresión aguda, desajuste mental, enfermedad mental, haya recurrido al mismo.

Apocalipsis no menciona los suicidas, sino los homicidas: «Bienaventurados los que lavan sus ropas, para tener derecho al árbol de la vida, y para entrar por las puertas en la ciudad. Mas los perros estarán fuera, y los hechiceros, **los**

fornicarios, los homicidas, los idólatras, y todo aquel que ama y hace mentira» (Apoc. 22:14-15).

Interesante que este pasaje de Apocalipsis 22:15, haya sido utilizado para decir algo que no dice el texto; el mismo no dice «**los suicidas**», sino que dice que «**los homicidas**» no entrarán al cielo. No se habla hermenéuticamente del suicidio.

7. El mismo Jesús de Nazaret fue tentado con el pensamiento del suicidio

Entonces el diablo le llevó á la santa ciudad, y le puso sobre el pináculo del templo, y le dijo: **Si eres Hijo de Dios, échate abajo**; porque escrito está: A sus ángeles mandará por ti, y en sus manos te sostendrán, para que nunca tropieces con tu pie en piedra (Mt. 4:5-6).

Y le llevó a Jerusalén, y le puso sobre el pináculo del templo, y le dijo: **Si eres Hijo de Dios, échate de aquí abajo**; porque escrito está: A sus ángeles mandará cerca de ti, que te guarden, y en las manos te sostendrán, para que no tropieces con tu pie en piedra. Respondiendo Jesús, le dijo: Dicho está: No tentarás al Señor tu Dios (Lc. 4:9-12).

La Nueva Traducción Viviente traduce lo dicho por el diablo con estas palabras: «... y dijo: **Si eres el Hijo de Dios, ¡tírate!**...».

Esta tentación parece que ocurrió en la mente de Jesús, donde el maligno le llevó en el pensamiento o en una visión al templo de Jerusalén, y le tentó con saltar al vacío, lo cual hubiera sido un acto suicida (pudo también haber sido literal).

El Comentario Bíblico de Matthew Henry y adaptado por Francisco Lacueva explica esta tentación de Mateo 4:5-6 así: «Cómo preparó el demonio la tentación. Llevó a Cristo a Jerusalén, no por la fuerza, no contra su voluntad, sino con su consentimiento. Y le puso en pie sobre el alero del Templo. Véase aquí primeramente, cuán sumiso fue Cristo, al permitir ser llevado de esta manera por Satanás y cuán consolador es para nosotros el saber que, al permitir el Señor a Satanás que ejercitara su poder sobre Él, no consiente que lo ejercite con nosotros, porque conoce nuestra fragilidad. En segundo lugar, cuán astuto fue el diablo al escoger el sitio para tentar a Jesús. Lo sitúa en un lugar muy conspicuo y en la populosa ciudad de Jerusalén, gozo de toda la tierra, y en el Templo, una de las maravillas del mundo, continuamente observado con admiración por unos o por otros. Allí puede Cristo hacerse notar y demostrar que es el Hijo de Dios, no en la oscuridad de un desierto, sino ante multitudes» (Editorial CLIE, Año 1999, página 1077).

Pero el Hijo de Dios resistió esa tentación de saltar a su propia muerte, utilizando la Palabra de Dios, y así reprendió al diablo: «Jesús le dijo: Escrito está también: **No tentarás al Señor tu Dios**» (Mt. 4:7).

8. El reformador Martín Lutero dijo sobre el suicidio:

«No comparto la opinión de que los suicidas deben ciertamente ser condenados. Mi razón es que no quieren matarse, pero son superados por el poder del diablo. Son como un hombre que es asesinado por un ladrón en el bosque. Sin embargo, esto no debe ser enseñado a la gente común, no sea que Satanás tome la oportunidad para causar masacres, y recomiendo se siga la costumbre popular estrictamente para que según el [cadáver de suicida] no sea llevado sobre el umbral».

«Tales personas no mueren por libre elección o por la ley, pero **nuestro Señor Dios los tratará como si fueran ejecutados por medio de un ladrón.** Los magistrados deben tratarlos muy estrictamente, **aunque no es claro que sus almas están condenadas.** Sin embargo, son ejemplos por el cual nuestro Señor Dios desea mostrar que el diablo es poderoso y también que debemos ser diligentes en la oración. Pero para estos ejemplos, no temeríamos a Dios. Por lo tanto él debe enseñarnos de esta manera».

La Iglesia Luterana ha dicho sobre el tema del suicidio: «El Sínodo no tiene una posición oficial sobre el estado eterno de las personas que se han suicidado, aunque teólogos del Sínodo han comentado de vez en cuando sobre cuestiones pastorales que se presentan a menudo en tales casos. Debido a que la condición espiritual de un individuo en la muerte, es conocida solo a Dios, los teólogos han procedido con cautela en hacer juicios en este sentido».

9. Juan Wesley hizo esta declaración sobre como refrenar el suicidio:

«Pero ¿cómo puede prevenirse este vil abuso de la ley, y este crimen execrable eficazmente desalentado? De forma muy fácil. Leemos en la historia antigua, que, en un cierto período, muchas de las mujeres en Esparta se asesinaron ellas mismas. Al aumentarse esta furia, se formuló una ley para que fuera expuesto en las calles el cuerpo desnudo de cada mujer que se mató a sí misma. Aquella furia paró inmediatamente. Debe formularse una ley que sea hecha y rigurosamente ejecutada, que el cuerpo de cada uno que se asesine a sí mismo, señor o campesino, será colgado en cadenas, y la furia de los ingleses terminará inmediatamente» (Liverpool, 8 de abril de 1790).

Alfonso Ropero Berzosa declara en su *Gran Diccionario Enciclopédico de la Biblia*: «La tradición cristiana ha condenado siempre el suicidio como gesto en el que el hombre se atribuye unilateralmente un poder absoluto que pertenece a Dios».

La persona que se suicida deja de disponer de la voluntad de Dios, para disponer de su propia voluntad. Dios da la vida y Dios tiene derecho sobre la vida. Pero un cristiano activo como creyente, orando, leyendo la Biblia, asistiendo regularmente a la congregación, predicando, enseñando, pastoreando, al quitarse la vida nos hace pensar que una fuerte depresión acompañada por un sentimiento profundo de auto-rechazo, tristeza, vacío, inutiliza en ese creyente el deseo de vivir.

10. La muerte de un suicida cristiano está arropada de misterios:

Cuando un creyente profesante se suicida, causa consternación, asombro, deja a uno sin palabras. Y aquellos que le han conocido bien de cerca, no se atreven a emitir juicio de condenación sobre la persona. Su muerte por suicidio encierra a los deudos en un laberinto emocional sin salidas. ¡Ese destino se le deja en las manos de Jesucristo!

El famoso predicador Carlos H. Spurgeon en su sermón «El temor de la muerte» (3521), dijo sobre el suicidio lo siguiente:

«Pero poner uno fin a su vida por su propia mano sería un hecho espantoso; probaría que no era un hijo de Dios, pues 'Sabéis que ningún homicida tiene vida eterna permanente en él'. Quiero decir, por supuesto, si tal hecho fuera llevado a cabo por alguien en posesión de sus sentidos; no estoy juzgando a quienes han perdido la razón, y que no son responsables de sus actos. Si alguien en su sobrio sentido cometiere un suicidio, no podríamos tener ninguna esperanza de vida eterna para él. Sin embargo, muchos se suicidarían si no fuera porque tienen grabado el temor de lo que resultaría al poner así fin a su existencia».

El pasaje bíblico citado de primera de Juan 3:15 lee: «Todo aquel que aborrece a su hermano es homicida; y sabéis que ningún homicida tiene vida eterna permanente en él». La palabra «homicida» se lee dos veces, no dice «suicida». Y este es uno de esos pasajes que hace a muchos leer lo que no está escrito.

Charles Haddon Spurgeon aclara: «Quiero decir, por supuesto, si tal hecho fuera llevado a cabo por alguien en posesión de sus sentidos; no estoy juzgando a quienes han perdido la razón, y que no son responsables de sus actos».

Una de las posiciones tomadas por el Concilio General de las Asambleas de Dios, Sprinfield, Missouri, declara: «Nadie, solo nuestro Señor, realmente conoce la profundidad de la depresión o la enfermedad de la que emergió la decisión de dar fin a la vida. El suicidio implica una acción razonada y deliberada. Sin embargo, alguien que se encuentra en una condición de depresión clínica o de desequilibrio emocional generalmente no se le considera completamente responsable. Por lo tanto, las preguntas que tienen que ver con el destino eterno no son decisión de los que le sobreviven. Deben quedar en manos de Dios, que sabe todas las cosas, cuyo amor es infinito, y que por siempre es misericordioso y justo. Al reconocer los límites del conocimiento humano y la naturaleza del Señor llena de gracia, la iglesia podrá ministrar con más efectividad en medio del quebranto y el dolor» (La Santidad de la vida humana: El suicidio, El suicidio con asistencia médica, y la Eutanasia. Adoptada por el Presbiterio General en sesión del 9 al 11 de agosto del 2010).

Aquellos que abrigan ese resentimiento de quererse morir, deben ser atendidos, y su voz de protesta tomarse con seriedad. Al principio le piden a Dios que les ayude con la muerte. Pero podría degenerar en querer ellos ayudarse a sí mismos con la muerte.

Todos, pienso yo, hemos conocido a alguien, un familiar, un amigo, un vecino, un compañero de trabajo, que tomó su vida en sus propias manos. Aun ministros, predicadores, pastores, a alguien conocemos que militó en la iglesia, y que un día se quitó su propia vida. Seres humanos maravillosos, que un día dejaron de amar la vida que Dios les había regalado.

Los familiares de un suicida experimentan muchos sentimientos encontrados como culpa, hostilidad, enojo, ira, duelo prolongado. Muchos interrogantes están en su cabeza. La pastoral debe ministrarles en su dolor y no sumarle al mismo con la condenación del ser querido. En el funeral y en la consejería nuestra misión es ayudar a los vivos a recuperarse de su gran dolor.

En las bancas o sillas de muchos santuarios se sientan hermanos y hermanas en la fe, de variadas edades, que están en un laberinto que necesitan salud mental. Y la iglesia además de Pastores Consejeros, debe disponer de recursos humanos como Terapeutas de Salud Mental, Consejeros Clínicos y Psicólogos Cristianos.

Muchas predicaciones aparte de sus énfasis doctrinales, deben ser más integrales respondiendo a las necesidades emocionales y espirituales de los oyentes. Esos 45 minutos de predicación dominical o sabatina por el pastor o líder espiritual, deben ser terapéuticos para el alma-espíritu.

Muchos suicidas prefieren ahorcarse, la gran mayoría quizá por ser más fácil. Otros disparándose en la sien o en la boca. Otros saltando al vacío desde algún piso. Otros bajo una sobredosis inducida de barbitúricos. Algunos se cortan las venas o se introducen algún objeto punzante en la barriga o el pecho. Todo para dejar con deshonor las filas de este mundo. En el caso del suicida la fuerza de la voluntad puede más en ellos que la fuerza de la razón. Al momento de decidir quitarse la vida, lo hacen.

Con su muerte planificada, pensada, hasta ensayada, deseada por ellos o ellas, e indeseada por sus conocidos, dejan una neblina de culpa sobre sus seres queridos. La gran mayoría dejan notas indicando que estaban deprimidos, y que sentían que no eran amados.

El suicida ensaya en su mente su suicidio, cómo se va a quitar su propia vida y cuándo decide que se va a morir. Su sentimiento de morir es más fuerte que su sentimiento de vivir. Da señales sobre su deseo de no querer vivir más. Al momento de decidir su propia muerte, se siente con el derecho a tomar su propia vida. En el momento de su acto suicida, más puede la voluntad que la razón. Y por lo general busca la manera más rápida y menos dolorosa para ejecutar el suicidio. La mayoría de los suicidas por lo general tienen el mismo patrón de dejar por escrito una carta, explicando brevemente por qué han tomado esta decisión, y algunos pidiendo que no se les juzgue, ya que era lo mejor para ellos. Y muchos exculpan a otros de sus acciones, asumiendo el «mea culpa», aunque un sentimiento de culpa siempre arropará por un tiempo a personas cercanas a ellos, familiares o amigos.

No debemos juzgar a un creyente, cuya toma de decisiones para cometer un suicidio fue abrumada por la depresión, la cual lo separó de la realidad en su acción humana. Una falta de balance químico puede acompañar a la depresión que puede llevar a un cristiano o evangélico a suicidarse. Lo que pasó por la mente del suicida solo Dios lo sabe, y sus oraciones bañadas de dolor humano solo Dios las pudo escuchar. Él o ella no supieron poner en las manos de Dios sus problemas, ni tampoco buscar la ayuda espiritual y profesional que los hubiera ayudado a no dejarse arrastrar por la tentación del suicidio. El cual deja abatidos, confusos y sin palabras a los que los amaron y apreciaron.

Muchos que han sobrevivido a la depresión que lleva al suicidio, hoy testifican de cómo el poder de la vida de Jesús, el Cristo, al llegar a su vidas como embarcaciones a la deriva, les devolvió el deseo de vivir. Y ahora su barca navega siempre hacia el puerto seguro de la salvación

La acción negativa de un creyente o cristiano activo que cometió suicidio, que enseñó a otros a obrar bien, a tener fe y esperanza, pero que en su momento final no lo pudo aplicar a su propia vida, no debe llevar a nadie al resentimiento y negación de todo lo bueno que enseñó esa persona. Y sobre todo, aquellos que lo llorarán deben refugiarse en los brazos de El Salvador.

La misericordia de Jesucristo es demasiado inmensa para ser comprendida humanamente. No tenemos razón al enojarnos con un creyente que se suicidó; ya lo hizo, no hay nada que podamos hacer con lo sucedido. Pero debemos confiar en que Dios sabrá cómo tratar en su misericordia con cada ser humano.

«Por lo tanto, es Dios quien decide tener misericordia. No depende de nuestro deseo ni de nuestro esfuerzo» (Rom. 9:16, NTV). «Así que no depende del que quiere ni del que corre, sino de Dios que tiene misericordia» (LBLA).

Conclusión

¿Podrían ser perdonados los suicidas cristianos? Algunos creen que sí. Otros afirman categóricamente que no. Otros opinan que no saben qué decir. La verdad es que nadie tiene derecho a quitarse su propia vida. Jesucristo, en su amor y misericordia, sabrá cómo tratar con los suicidas cristianos. A nosotros nos corresponde tratar con los vivos y dejar todo en las manos del Eterno.

24
Pensando en la muerte

Jonás 4:7, RV1960

«Pero al venir el alba del día siguiente, Dios preparó un gusano, el cual hirió la calabacera, y se secó»

Introducción

Todos nos hemos acostumbrado a muchas cosas, que las tomamos por rutinas, hasta el día que las perdemos. Algo parecido le pasó a nuestro amigo Jonás, que tuvo una «calabacera» que solo la apreció cuando se secó y le hizo falta.

1. El gusano hirió la calabacera

«Pero al venir el alba del día siguiente, Dios preparó un gusano, el cual hirió la calabacera y se secó» (Jon. 4:7).

La calabacera por naturaleza es una planta que crece lenta y gradual. Pero esta «calabacera» nació y creció de la noche a la mañana, pero así también murió a las 24 horas. Muchos creyentes crecen de la noche a la mañana y se secan. Muchas provisiones de nuestro Señor Jesucristo son milagrosas, pero de igual manera como llegaron pronto, se van pronto.

Aquel «gusano» fue usado por la providencia divina para herir a la «calabacera». Dios permitirá que muchas cosas en nuestra vida sean tocadas por algún «gusano» de su voluntad. Y eso nos enseñará a entender la doble lección divina de misericordia y gracia.

Solamente cuando algo muy apreciado por nosotros es herido por algún «gusano» permitido por Dios, nos damos cuenta del valor que eso tenía para nosotros. Tenemos un buen trabajo, y muchas veces no lo apreciamos hasta que lo perdemos. Somos miembros de una buena congregación, nos vamos disgustados, y entonces nos damos cuenta de que esa era la congregación ideal para nosotros. Muchos tienen buenos parientes y no los aprecian hasta el día en que son separados de ellos.

Esos «gusanos» de tristezas y lágrimas nos ayudan a valorizar las bendiciones que hemos recibido, y que las tomamos como cualquier cosa (en inglés se dice: «Taken by granted»). Cuando lloramos y nos entristecemos por algo o por alguien que ya no tenemos, entonces entendemos cuán importantes eran para nosotros.

La muerte de un ser querido es como el «gusano» que mata la «calabacera» de la compañía de alguien que nos ha estado acompañando, separa el amor de alguien que nos ha amado, y nos priva de la sonrisa de alguien que nos había alegrado. ¡Disfruta ahora en vida a tus seres queridos, porque un día ya no estarán más! ¡El telón bajará después del último acto del drama de la vida! ¡La función completa habrá terminado! La vida debe continuar sin ellos o sin nosotros. El duelo es saludable, pero aferrarnos demasiado al duelo es perjudicial para el ser humano.

Solo valoramos las cosas más cuando las llegamos a perder. Así que disfrútalas más ahora; dale más de tu tiempo ahora. No las tengas por poca cosa, sino tenlas por mucho. ¡Esos cultos de la iglesia, con su adoración y predicación, disfrútalos! ¡Disfruta esas reuniones de convivencia familiar! ¡Disfruta esos encuentros con amigos del alma! Un día todo terminará.

Disfruta de tus hijos y nietos ahora que son niños, adolescentes y jóvenes. Saca tiempo para hablar con ellos, para jugar con ellos y para prestarles mucha atención y calor humano. Llegará el día que crecerán, y si no los disfrutaste, te lamentarás.

Disfruta a tus padres ahora. Llámalos cada vez que puedas, conversa con ellos, acompáñalos, visítalos y comparte con ellos. Porque llegarán a ancianos, un día enfermarán, morirán, y te lamentarás de no haberle dado más tiempo. ¡En el reloj de la vida no hay retroceso! ¡Ese tren no regresa!

Disfruta tu matrimonio ahora. No te dejes herir por ningún «gusano» de frustración conyugal, ningún «gusano» de falta de comunicación como pareja, y ningún «gusano» de infidelidad matrimonial. Supera los conflictos, reconcilia las diferencias, mantén el equilibrio de tu relación amorosa.

2. El sol hirió a Jonás en la cabeza

«Y aconteció que al salir el sol, preparó Dios un recio viento solano, y el sol hirió a Jonás en la cabeza, y se desmayaba, y deseaba la muerte, diciendo: Mejor sería para mí la muerte que la vida» (Jon. 4:8).

Dios permitió que el sol hiriera a Jonás. Ahora «el sol hirió a Jonás en la cabeza». Dios permitirá pruebas y dificultades en nuestras vidas, para enseñarnos a confiar más en Él, y a confiar menos en nosotros. Así aprenderemos a llenarnos más del Espíritu Santo y a vaciarnos más de nosotros, a vaciarnos de nuestro egoísmo, a vaciarnos de nuestra vanidad.

Muchas cosas que apreciamos en nuestras vidas, podrían ser heridas para nosotros por algún «gusano», pero la prueba es todavía mayor cuando somos nosotros los que hemos sido heridos por «el sol» de la prueba que Dios ha permitido.

La depresión es como «el sol que hirió a Jonás en la cabeza». Esta nos sume en un abismo de inseguridad, en un hoyo de soledad, y en una cisterna de tristeza. Todos en cualquier momento cruzaremos un río caudaloso de depresión, nadaremos en un lago hondo de aflicción, y sentiremos remar en un mar muy picado con las olas de la desolación.

Las pruebas son como «el sol que hirió a Jonás en la cabeza». Estas llegan en una procesión de desfile a nuestras vidas. No las aplaudimos, ni las disfrutamos, pero las tenemos que reconocer.

Los fracasos son como «el sol que hirió a Jonás en la cabeza». Estos tambalean nuestra frágil barca de la vida. Sentimos las tablas de esa barca rugir para romperse. Las enfurecidas olas abren sus fauces y nos amenazan con tragarnos.

Las enfermedades son como «el sol que hirió a Jonás en la cabeza». Llegan sin invitación ninguna, y traen las maletas del desconcierto, el saco del temor y la caja del miedo. Nos llevan a tratamientos muchas veces tediosos y lastimosos.

Los temores son como «el sol que hirió a Jonás en la cabeza». Nos encierran en un laberinto de inseguridades, nos meten en un desierto sin salidas, y nos precipitan en un profundo abismo de oscuridad.

Pero de lo peor, Jesucristo nos rescatará. Nos levantaremos de la caída. Nos recuperaremos de las heridas infligidas. Las pruebas no serán para siempre, pero Jesucristo será para siempre. Hoy debes comenzar a levantarte.

En la Traducción En Lenguaje Actual, se lee el Salmo 103:1-5 de la siguiente manera: «¡Con todas las fuerzas de mi ser alabaré a mi Dios! ¡Con todas las fuerzas de mi ser lo alabaré y recordaré todas sus bondades! Mi Dios me perdonó todo el mal que he hecho; me devolvió la salud, me libró de la muerte, ¡me llenó de amor y de ternura! Mi Dios me da siempre todo lo mejor; ¡me hace fuerte como las águilas!».

Conclusión

Por aquel «gusano» que hirió la «calabacera», y aquel sol que le hirió en la cabeza, Jonás se dio cuenta de lo que había perdido.

25
Deseando la muerte

Jonás 4:8, RV1960

«Y aconteció que al salir el sol, preparó Dios un recio viento solano,
y el sol hirió a Jonás en la cabeza, y se desmayaba, y deseaba la muerte,
diciendo: Mejor sería para mí la muerte que la vida»

Introducción

A una mala prueba le puede seguir otra prueba peor. A Jonás como a aquella mujer del flujo de sangre, «antes le iba de mal en peor». Cada prueba nos prepara para otra mayor.

En 1 de Corintios 10:13 leemos: «Ustedes no han pasado por ninguna tentación que otros no hayan tenido. Y pueden confiar en Dios, pues él no va a permitir que sufran más tentaciones de las que pueden soportar. Además, cuando vengan las tentaciones, Dios mismo les mostrará cómo vencerlas, y así podrán resistir» (TLA).

Así que las pruebas no son para destruirnos, sino para construirnos; no son para aplastarnos, sino para levantarnos; no son para dañarnos, son para sanarnos; no son para derrotarnos, son para que alcancemos la victoria.

1. El viento de Dios

«Y aconteció que al salir el sol, preparó Dios un recio viento solano...» (Jon. 4:8).

Ya Dios había preparado «el gran pez» (Jon. 1:17); preparó la «calabacera» (Jon. 4:6); preparó el «gusano» (Jon. 4:7). Ahora, «preparó Dios un recio viento solano» (Jon. 4:8). Todo esto era parte del currículo de Dios para el profeta fugitivo.

Antes, Dios le habló al profeta por el «gran viento en el mar» (Jon. 1:4). Pero Jonás no puedo interpretar el mensaje enviado por Dios para su vida. Hay vientos que Dios levantará con el propósito de ayudarnos a discernir Su voluntad para nuestras vidas.

A Elías en el monte Horeb, Dios le habló por «un grande y poderoso viento», para demostrarle que Él no estaba allí (1 R. 19:11). Tampoco estaba en el «terremoto», ni en el «fuego» (1 R. 19:11-12). Pero en el «silbo apacible y delicado», allí estaba Dios (1 R. 19:12).

A los discípulos en el embravecido mar de Galilea o Lago de Genesaret, Dios les habló por una tormenta de viento: «Pero se levantó una gran tempestad de viento, y echaba las olas en la barca, de tal manera que ya se anegaba» (Mc. 4:37).

Prestemos siempre atención a los vientos, muchas veces es Dios que quiere hablar algo a nuestras vidas. Pidámosle sabiduría para discernir su mensaje para nuestras vidas. Y estemos siempre alerta para identificar cualquier viento que proceda de Dios. ¡Sea un viento o no lo sea, el Espíritu Santo nos puede hablar!

2. El desmayo de Jonás

«...y el sol hirió a Jonás en la cabeza, y se desmayaba...» (Jon. 4:8).

La cabeza de Jonás quedó expuesta al candente y abrasador sol. Sin la protección de la «calabacera», los rayos del sol lo fustigaban sin misericordia. Jonás era víctima de una circunstancia fuera de su control humano.

«... y se desmayaba». El malestar de Jonás había desaparecido, pero ahora aparece con una condición de desmayo. Estaba sofocado, extenuado, agotado y cansado.

Muchos pasamos por eso momentos difíciles de la vida, atravesamos esos ratos extenuantes que nos asaltan como personas, cuando nos sentimos desmayar. Las fuerzas como seres humanos nos llegan a faltar. Pero confiemos en que Jesucristo nos ayudará a recobrar las fuerzas, nos ayudará a superar cualquier crisis, y nos ayudará a levantarnos aunque desmayemos.

Isaías 41:10 lee: «No temas, porque yo estoy contigo; no desmayes, porque yo soy tu Dios que te esfuerzo; siempre te ayudaré, siempre te sustentaré con la diestra de mi justicia».

Primero: **«No temas, porque yo estoy contigo... »**. El temor se neutraliza cuando mantenemos la confianza de que el Espíritu Santo está en nosotros, y está con nosotros. No estamos solos en nuestras pruebas, estamos acompañados.

Segundo: «**... no desmayes, porque yo soy tu Dios que te esfuerzo...**». Aunque nos sintamos sin fuerzas, sin deseos de continuar, el Espíritu Santo nos dará las fuerzas que necesitamos. Con su ayuda lo lograremos.

Tercero: «**... siempre te ayudaré, siempre te sustentaré con la diestra de mi justicia**». El deseo del Espíritu Santo es de ayudarnos «siempre», de sustentarnos «siempre».

Pídele a Jesucristo que te ayude a pasar las pruebas, que te de poder para vencer las tentaciones, y que te renueve las fuerzas para vencer. ¡No te rindas ante las circunstancias! ¡No te detengas ante la prueba! ¡No te desanimes ante la oposición! ¡Mayor es el que está contigo, que el que está en el mundo!

En 1 de Juan 4:4 leemos: «Pero ustedes, mis queridos hijos, pertenecen a Dios. Ya lograron la victoria sobre esas personas, porque el Espíritu que vive en ustedes es más poderoso que el espíritu que vive en el mundo» (NTV).

3. La reacción de Jonás

«...y se desmayaba, y deseaba la muerte, diciendo: Mejor sería para mí la muerte que la vida» (Jon. 4:8).

Jonás volvió a repetir lo mismo, a tener la misma reacción como persona que antes. Era un resentimiento humano, que no es otra cosa sino la de repetir un mismo sentimiento: «Ahora pues, Jehová, te ruego que me quites la vida; porque mejor me es la muerte que la vida» (Jon. 4:3).

La narración de Jonás 4:8 afirma: «... y deseaba la muerte...». Antes la deseó, y todavía la sigue deseando. Antiguos sentimientos negativos vuelven a flotar en las vidas de muchos, cuando enfrentan nuevas crisis o crisis similares. La muerte no es la salida a nuestros problemas. Tenemos problemas porque estamos vivos.

Comparemos estas declaraciones: (1) «... Porque mejor es la muerte que la vida» (Jon. 4:3). (2) «... Mejor sería para mí la muerte que la vida» (Jon. 4:8). Ese rechazo a la vida era un rechazo a la voluntad de Dios. Jonás pensaba y sentía el deseo de morir. Su gran éxito se transformó en una gran depresión. Personas de mucho éxito pueden sucumbir ante la depresión.

Jonás todo lo resolvía, aparentemente, diciéndole a Dios que se quería morir. Con el deseo de querer morirse no se resuelven los problemas. Así que deja ya de cantar ese coro: «¡Me quiero morir! ». «¡Deseo morirme ya!». «¡Si me muero, ya todo está resuelto!». ¡Cántale a la vida! ¡Celebra que estás vivo!

Conclusión

La gracia y la misericordia son las dos muletas que nos ayudan a caminar cuando nos quedamos heridos en alguna vereda del camino. Pidamos ayuda a Dios y Él nos la dará. «Pero al venir el alba del día siguiente, Dios preparó un gusano, el cual hirió la calabacera, y se secó» (Jonás 4:7).

QUINTA PARTE
El proceso de la muerte

26
La muerte es un proceso

Eclesiastés 12:6, DHH

«Acuérdate de tu Creador ahora que aún no se ha roto el cordón de plata ni se ha hecho pedazos la olla de oro; ahora que aún no se ha roto el cántaro a la orilla de la fuente ni se ha hecho pedazos la polea del pozo»

Introducción

La experiencia de la muerte siempre nos hace pensar en nuestra propia mortalidad. El autor del Eclesiastés se tomó el tiempo para describir y analizar el gran problema o la gran esperanza del tema sobre la muerte.

En la vida hay muchas cosas a las cuales nos tenemos que aferrar. Una de ellas es la vida misma. Todos queremos vivir y todos viviremos el tiempo que el Eterno disponga para nuestras vidas. ¿Pero qué haremos en este lapso de vida que nos toca vivir? ¿Cumpliremos con el propósito de Dios en nuestras vidas? La clave está en cumplir el propósito de Jesucristo en nuestra vida en esta generación.

1. El proceso de la muerte

«Acuérdate de tu Creador ahora que aún no se ha roto el cordón de plata ni se ha hecho pedazos la olla de oro; ahora que aún no se ha roto el cántaro a la orilla de la fuente ni se ha hecho pedazos la polea del pozo» (Ecl. 12:6, DHH).

Qohelet o El Predicador describe alegóricamente lo que es el proceso de la muerte, y emplea una combinación en la imaginería que nos permite ver la muerte como la continuación de la vida:

Lo más importante en la vida del ser humano es vivir acordándose de su Creador. Porque llegará ese día que se romperá el cordón de la vida de plata, la olla de los signos vitales de oro se hará pedazos, el cántaro de la vida a la orilla de la fuente se romperá.

Debemos vivir esta vida bajo los principios de la fe en Jesucristo, siempre acordarnos del Creador, y vivir preparado para ese día, cuando muchas cosas se habrán de romper y hacerse pedazos en la vida, como bien lo ha expresado el libro sapiencial de Las Escrituras Sagradas que acabo de citar.

La muerte es parte del ciclo de la vida. Pablo de Tarso describió la muerte del creyente practicante, como un «dormir en Cristo». El alto precio de vivir y disfrutar esta vida es morir. Y eso no lo podemos evitar los mortales. La vida natural se puede prolongar, pero no se puede mantener para siempre.

Cuando alguien muy cercano a nosotros, alguien con quién hemos hablado, una persona con la cual hemos reído, y hemos disfrutado su presencia, se aleja de nuestro lado en la barca de la muerte, nos sentimos sentimentalmente afectados.

Pero la muerte es esa experiencia final que nos hace consciente de nuestra fragilidad y nuestro limitado tiempo aquí en la tierra. Nos preparamos para morir, pero no tomamos un curso de cómo morir. Así que para morir bien, tenemos que aprender a vivir bien, y qué mejor manera que habiendo entregado nuestras vidas al Señor Jesucristo.

Debemos mirar con el telescopio de la fe más allá del ancho río de la presente vida, para ver todo aquello que Jesucristo tiene preparado para nosotros en la otra ribera de la vida eterna. Muchos en su lecho de muerte han mirado, y lo que han visto les ha extasiado, de tal manera que en su corazón han anhelado que la hora de su partida se les adelante. ¡Un día no muy lejano, nos tocará a nosotros mismos contemplar esa gran realidad! ¡En la barca de la muerte cruzaremos de esta ribera a la otra!

2. La esperanza de la muerte

«Después de eso el polvo volverá a la tierra, como antes fue, y el espíritu volverá a Dios, que es quien lo dio» (Ecl. 12:7, DHH).

Qohelet o el Predicador explica algo brevemente de la última etapa del ser humano. El ser humano es bipartito según las enseñanzas del Antiguo Testamento y tripartito según las enseñanzas del Nuevo Testamento. Es decir, el Antiguo Testamento habla de dos componentes en la humanidad, el cuerpo y el espíritu. El Nuevo Testamento afirma que somos espíritu, alma y cuerpo. Somos de la tierra y somos del cielo.

En la muerte esos elementos se separan, el alma-espíritu del cuerpo. La tierra reclama lo que le pertenece, porque nuestro primer padre, fue hecho de los elementos de la tierra, y así lo afirma la ciencia, que una gran mayoría de los minerales de la tierra se encuentran en la composición del soma humano. Pero por otro lado el ser humano es un ser espiritual, porque en lo más profundo de este hay una continua necesidad de buscar como creación a su Creador.

El espíritu vuelve a Dios que lo dio, indicándose que con la muerte termina una existencia, la física, pero no la espiritual, y por eso debemos prepararnos para ese día de la muerte, así como hubo un día del nacimiento. Una vez más regreso al existencialista y teísta llamado Qohelet:

En este mundo todo tiene su hora; hay un momento para todo cuanto ocurre: Un momento para nacer, y un momento para morir. Un momento para plantar, y un momento para arrancar lo plantado. Un momento para matar, y un momento para curar. Un momento para destruir, y un momento para construir. Un momento para llorar, y un momento para reír. Un momento para estar de luto, y un momento para estar de fiesta. Un momento para esparcir piedras, y un momento para recogerlas. Un momento para abrazarse, y un momento para separarse. Un momento para intentar, y un momento para desistir. Un momento para guardar, y un momento para tirar. Un momento para rasgar, y un momento para coser. Un momento para callar, y un momento para hablar. Un momento para el amor, y un momento para el odio. Un momento para la guerra, y un momento para la paz (Ecl. 3:1-8, DHH).

La vida es para vivirla bien con nuestros semejantes. De ser el mejor vecino, el mejor compañero de trabajo, el mejor miembro de la familia, el mejor amigo, de ser eso y mucho más, de vivir ayudando siempre a otros. Responder con prontitud a un llamado de auxilio, ser una mano prestada, levantar a algún caído. Ser un humano excepcional en el pentagrama de la vida.

Pablo de Tarso aquel «León Rojo de Jesucristo», como lo llamó san Agustín de Hipona, nos enseñó cómo vivir una vida cristiana plena y como morir plenamente. La muerte del cristiano es una promoción, una graduación, una celebración y una coronación.

En 2 de Timoteo 4:6-8, una epístola que se cree fue escrita unos meses antes de Pablo de Tarso ser decapitado, lo escuchamos rugir como un león victorioso y con el rostro cicatrizado ante el enemigo de la muerte.

«Ya falta poco para que yo muera, y mi muerte será mi ofrenda a Dios. He luchado por obedecer a Dios en todo, y lo he logrado; he llegado a la meta, y en ningún momento he dejado de confiar en Dios. Sé que Dios es un juez justo y que, cuando juzgue a todos, me dará una corona como premio a mi obediencia. Y no sólo a mí me la dará, sino también a todos los que esperan con ansias su regreso» (TLA).

El creyente es un león de Jesucristo que ruge espiritualmente. Tiene cicatrices en el rostro de las muchas batallas espirituales y pruebas que ha enfrentado. Cuando muere, ese león ruge de victoria y ruge con alabanzas en el cielo.

El vocabulario siempre es limitado cuando nos encontramos caminando y atravesando momentos difíciles en los cuales quedamos marcados para el resto de nuestras vidas a través de los recuerdos gratos, amorosos y educativos de nuestra historia pasada.

El **Salmo 23** para muchos es el **Salmo de los Fallecidos**, aparece impreso en las tarjetas funerarias. También se lee y es la porción bíblica más utilizada como base a un sermón funeral. En realidad es el **Salmo de los Vivos**. Es un salmo que siempre trae esperanza en ese momento del dolor, la aflicción, el luto, por el fallecimiento de un ser querido o un amigo.

El SEÑOR es mi pastor; tengo todo lo que necesito. En verdes prados me deja descansar; me conduce junto a arroyos tranquilos. Él renueva mis fuerzas. Me guía por sendas correctas, y así da honra a su nombre. Aun cuando yo pase por el valle más oscuro, no temeré, porque tú estás a mi lado. Tu vara y tu cayado me protegen y me confortan. Me preparas un banquete en presencia de mis enemigos. Me honras ungiendo mi cabeza con aceite. Mi copa se desborda de bendiciones. Ciertamente tu bondad y tu amor inagotable me seguirán todos los días de mi vida, y en la casa del SEÑOR viviré por siempre (Sal. 23:1-6, NTV).

En una tarjeta funeral leí: «Cuando miramos por encima de las montañas a lo que se ve en el futuro siempre es borroso en nuestro presente, pero nuestras decisiones presentes nos dan aliento para establecer claridad en lo que en una vista no podíamos establecer. Que Dios le provea con la más alta devoción de fortaleza para poder continuar de momento a momento hasta alcanzar le meta que Dios ya ha predestinado» (Ef. 1:1-5).

Cuando fallece una persona, el tronco de una familia ha sido cortado, pero sus ramas continúan vivas. Todos somos la suma de otros que nos precedieron y para otros que nos sucederán. La tumba podrá retener el cuerpo, el cielo haber recibido su alma-espíritu, pero el corazón guardará siempre a ese ser querido como uno de los seres más grandes que ha tenido una familia.

[En los funerales muchas veces utilizo esta reflexión como si la persona fallecida estuviera hablando a aquellos que fueron significativos en su vida pasada]:

Mi muerte que sabía que algún día ocurriría, ha ocurrido, y sé que muchos llorarán por mí, pero les confieso que yo no estoy llorando, ahora yo estoy riendo con mucho gozo.

«He luchado por obedecer a Dios en todo, y lo he logrado; he llegado a la meta, y en ningún momento he dejado de confiar en Dios» (2 Tim. 4:7, TLA).

Muchos ahora, se sienten solos sin mí, ya no oirán mi voz, ya no hablaré más con ustedes, no les gritaré más, ni los llamaré más, pero quiero que sepan que no estoy solo, yo estoy acompañado por los seres más bellos aquí en el cielo.

Muchos me echarán de menos, pero yo nunca los olvidaré. Y desde aquí, en alguna esquina del cielo, espero el día que los vuelva a ver. ¡Y puede que sea muy pronto! Aunque deseo que puedan estar mucho tiempo juntos allá en la tierra.

«Cuando alguien muere, se entierra su cuerpo, y ese cuerpo se vuelve feo y débil. Pero cuando esa persona vuelva a la vida, su cuerpo será hermoso y fuerte, y no volverá a morir. Se entierra el cuerpo físico, pero resucita un cuerpo espiritual. Así como hay cuerpos físicos, hay también cuerpos espirituales» (1 Corintios 15:43-44, TLA).

«Sé que Dios es un juez justo y que, cuando juzgue a todos, me dará una corona como premio a mi obediencia. Y no sólo a mí me la dará, sino también a todos los que esperan con ansias su regreso» (2 Tim. 4:8, TLA).

Me fui, aunque hubiera deseado estar más tiempo con ustedes, pero sabía que mis días estaban contados, llegué a vivir los años que Jesucristo me permitió vivir. Aquel que me dio la vida así lo determinó. Pero quiero que sepan que un día, cuando Jesucristo regrese a por su Iglesia, yo regresaré con Él, y me encontraré en esa gran reunión de la resurrección.

Sé que me extrañarán mucho, no me podrán hablar, ni me verán. Tampoco yo les podré hablar, ni los veré. Pero así lo quiso la vida, y prefiero que lloren por mí antes de que yo hubiera llorado por cada uno de ustedes. Para mi hubiera sido muy fuerte.

Muchos en el día de mi entierro, despedirán mi cuerpo de esta tierra, pero yo ya no estoy ahí, desde el día que cerré mis ojos a esta vida, los abrí en el cielo.

¡Así que no lloren mucho por mí, alégrense de que ya recibí mi gloriosa corona de la vida!

Mi cuerpo está ahora acostado, reposa tranquilamente, pero un día será despertado al sonido de la trompeta final. Me he alejado, pero no será para siempre. Me despido, pero no será por mucho tiempo. ¡Los espero aquí en el cielo! ¡Adiós a todos!

Conclusión

Se que en el cielo, este ser querido que ha partido se ha encontrado con muchos familiares y amigos, que están allí descansando hasta el día de la resurrección. Por eso le decimos al ser que ha partido, que se ha mudado de esta tierra al cielo: «Buenas noches y nos veremos en la mañana».

27
Arreglando todo para morir

2 Crónicas 32:24, RVR60

«En aquel tiempo Ezequías enfermó de muerte; y oró a Jehová,
quien le respondió, y le dio una señal»

Introducción

Ezequías tuvo un récord como rey, solo comparado a David en cuanto a rectitud y a Salomón en cuanto a riquezas. Cuando se enfermó dejó que el orgullo –por todo aquello que tenía– le asaltara, fallándole así a Dios.

1. La enfermedad de Ezequías

«En aquel tiempo Ezequías enfermó de muerte; y oró a Jehová, quien le respondió, y le dio una señal» (2 Crónicas 32:24).

Ezequías había caído enfermo de muerte. El profeta Isaías le hizo una visita, y le ordenó arreglar su casa:
«En aquellos días Ezequías cayó enfermo de muerte. Y vino a él el profeta Isaías hijo de Amoz, y le dijo: Jehová dice así: Ordena tu casa, porque morirás, y no vivirás» (2 R. 20:1).
Me gusta como se rinde ese pasaje en la Traducción en Lenguaje Actual: «En esos días, el rey Ezequías se enfermó gravemente y estaba por morir. El profeta Isaías fue a visitarlo y le dijo: «Dios dice que vas a morir, así que arregla todos tus asuntos familiares más importantes»

Isaías sirvió bajo el reinado del rey Uzías y luego bajo el reinado del rey Ezequías. El Espíritu Santo movió al profeta Isaías para ir a declararle al rey Ezequías que su enfermedad era de muerte. Hay enfermedades que serán de muerte.

Esto se ilustra con la enfermedad de muerte de Eliseo: «Estaba Eliseo enfermo de la enfermedad de que murió. Y descendió a él Joás rey de Israel, y llorando delante de él, dijo: ¡Padre mío, padre mío, carro de Israel y su gente de a caballo!» (2 R.13:14).

En su visita Isaías exhortó a Ezequías: "...«Ordena tu casa, porque morirás, y no vivirás»" (RV60). "...«Dios dice que vas a morir, así que arregla todos tus asuntos familiares más importantes»" (TLA). "...«El Señor te manda a decir que dejes todos tus asuntos arreglados, porque vas a morir»" (NBV). "...«Pon tus asuntos en orden porque vas a morir. No te recuperarás de esta enfermedad»" (NTV).

Ezequías tenía que poner todo sus asuntos personales en orden. Todos debemos prepararnos para ese día de la muerte, y tener todo al día, como el testamento, el seguro de vida, los papeles de propiedades, los bienes poseídos, los preparativos para nuestro funeral. No debemos dejar nada al garete, esperando que los demás resuelvan como puedan después de nuestra muerte. ¡Resolvamos para ellos! ¡Arreglemos la casa ahora!

Aún más, si se nos ha informado que somos pacientes terminales, que nuestro tiempo de vida son meses, semanas o días, debemos arreglar los asuntos espirituales, maritales, familiares y ponernos a cuenta con los demás.

Es un tiempo de recapacitar, de reconciliarnos, de perdonar a otros y de ser perdonados, de poner atrás todo aquello que no es de salud para nuestra alma. Debemos prepararnos para dejar esta vida y comenzar la otra vida.

Cuando se hace un inventario positivo de los capítulos de la cronología de nuestra vida; con altas y bajas; alegrías y tristezas; llegamos a la conclusión que ha valido la pena vivir bien, aunque tengamos que morir.

Si supiéramos que tenemos poco tiempo de vida, ¿qué arreglaríamos en nuestra vida personal?, ¿qué arreglaríamos en relación con la familia?, ¿qué asuntos pondríamos al día?, ¿qué órdenes daríamos para realizar en nuestra ausencia tras la muerte?

2. La oración de Ezequías

«Entonces él volvió su rostro a la pared, y oró a Jehová y dijo: Te ruego, oh Jehová, te ruego que hagas memoria de que he andado delante de ti en verdad y con íntegro corazón, y que he hecho las cosas que te agradan. Y lloró Ezequías con gran lloro» (2 R. 20:2-3).

El acto de Ezequías, cambiar su rostro hacia la pared, era indicio de privacidad. Una expresión muy común de los pacientes terminales. Muchas oraciones deben hacerse en privado. Tomarse como un asunto entre Dios y uno. Nosotros podemos crear nuestro espacio de privacidad psicológica y nuestro ropero de oración. Tú puedes cerrar tus ventanas y tus puertas psicológicas cuando quieras. Al enfermo se le debe respetar ese espacio emocional. Las muchas visitas abruman y la falta de visitas deprimen.

Primero, el contenido de la oración: «Te ruego, oh Jehová, te ruego que hagas memoria de que he andado delante de ti en verdad y con íntegro corazón, y que he hecho las cosas que te agradan...» (2 R. 20:2).

En su oración Ezequías se acercó a Dios, pidiendo con ruegos. Y le suplicó que se acordara que él había andado en la verdad y con un corazón íntegro, completo, no dividido para Él. Debemos ser numeradores en armonía con los denominadores, y eso implica ser enteros. Sobre todo, Ezequías vivió agradando a Dios. Y esa debe ser la mayor satisfacción de todo ser humano, la de saber que cada día se levanta ya agendado para agradar a Jesucristo y se acuesta con el inventario diario de que ha agradado a Dios.

Una vida de santidad, que habla de una conducta agradable a Jesucristo, respalda nuestras oraciones. Lo que somos para Jesucristo es más importante que lo que hagamos para Él. El Espíritu Santo moldeará en nosotros el carácter de Jesucristo. Debemos ser el molde o recipiente de Jesucristo. En lenguaje paulino: "hasta que Cristo sea formado en nosotros".

«Hijitos míos, por quienes vuelvo a sufrir dolores de parto, hasta que Cristo sea formado en vosotros» (Gál. 4:19).

Tenemos que ser contenido de nuestras oraciones. Ezequías con su vida respaldó su oración. ¡Somos nuestra propia reputación! ¡Somos nuestro propio crédito! El mayor testimonio no es lo que hacemos, lo que decimos, sino lo que somos. ¡Somos nuestro testimonio!

Ante una diagnosis de muerte, podemos negar el diagnóstico dado por médico, nos llenamos de ira a causa de la enfermedad, culpamos a otros por nuestra enfermedad, intentamos negociar con el Señor Jesucristo por un milagro de vida y una sanidad.

La oración es muy terapéutica. Debemos leer la Biblia con mucha devoción. Debemos mantener la fe y la esperanza en esa realidad. Debemos aceptar la voluntad de nuestro Señor Jesucristo.

Segundo, el modo de la oración: «...Y lloró Ezequías con gran lloro» (2 R. 20:2).

Esa oración había nacido en las entrañas del dolor y la tristeza. Ezequías arropó su oración con una sábana de lágrimas. Muchas oraciones deben estar mojadas por el rocío de lágrimas. Deben salir bañadas de dolor mojadas de quebrantamiento.

Llorar en oración es un desahogo del alma delante de nuestro Señor Jesucristo. La oración es una válvula de escape que libera la tensión, la presión, la depresión, la tristeza, el resentimiento y el dolor humano. Cuando oramos, el vacío humano tan común en el ser humano con su complejidad existencial, se llena con la presencia del Espíritu Santo. La oración es el mejor programa de salud mental. Es la mejor terapia de recuperación emocional. Si nos sometemos a un buen programa de oración, seguro que esto dejará a bastantes terapistas de salud mental, sin mucho trabajo.

Tercero, la respuesta a la oración: «Vuelve, y di a Ezequías, príncipe de mi pueblo: Así dice Jehová, el Dios de David tu padre: Yo he oído tu oración, y he visto tus lágrimas; he aquí que yo te sano; al tercer día subirás a la casa de Jehová» (2 R. 20:5).

Dios escucha nuestras oraciones. Él oyó la oración vestida con lágrimas del rey Ezequías. Aquella fue una oración nacida de un alma quebrantada y adolorida, pero con los zapatos de la fe y el sombrero de la esperanza presentes ante el Eterno. ¡Dios sanó a Ezequías! Él también te quiere sanar a ti. ¡Mientras vivas hay esperanza!

Cuarto, la señal de la oración: «Y Ezequías había dicho a Isaías: ¿Qué señal tendré de que Jehová me sanará, y que subiré a la casa de Jehová al tercer día?» (2 R. 20:8).

Cuando pedimos señales es porque no estamos totalmente seguros, y queremos confirmación. Ezequías quería tener la señal de que Dios le sanaría y de que él subiría al templo de Jehová.

Ezequías quería estar sano para servir más a Dios. Muchos quieren estar sanos para quedarse en sus casas. Otros quieren sanidad para volver a gozar de los deleites del mundo, no quieren estar sanos para servir a Jesucristo y para visitar la casa de Dios.

El profeta contestó a Ezequías: «Respondió Isaías: Esta señal tendrás de Jehová, de que hará Jehová esto que ha dicho: ¿Avanzará la sombra diez grados, o retrocederá diez grados?» (2 R. 20:9).

En otras palabras: ¿Deseas que la hora del reloj se adelante o que la hora del reloj se retrase?

Ezequías pidió a Isaías que, en vez de avanzar en el tiempo, se retrasara. La sombra se atrasaría diez grados, lo cual era más difícil (2 R. 20:10). ¿Qué nos beneficiaría más, si el tiempo se adelanta o si el tiempo se retrasa? Eso depende de nuestra necesidad y de lo que queremos. Isaías oró a Dios, y la sombra del reloj de sol, retrocedió los diez grados (2 R. 20:11).

«Entonces el profeta Isaías invocó al Señor, y el Señor hizo que la sombra retrocediera las diez gradas que había avanzado en el reloj de sol de Ahaz.» (2 R. 20:11, DHH).

«Y esto te será señal de parte de Jehová, que Jehová hará esto que ha dicho: He aquí yo haré volver la sombra por los grados que ha descendido con el sol, en el reloj de Ahaz, diez grados atrás. Y volvió el sol diez grados atrás, por los cuales había ya descendido.» (Is. 38:7-8).

Esos diez grados se refieren al reloj de gradas inventado en la época de Acaz. Para los expertos 15 grados en un reloj de sol equivalen a una hora o 60 minutos. Por lo tanto, tomando en cuenta que cada cinco grados es 20 minutos, entonces 10 grados o gradas atrás, pueden significar 40 minutos de retraso en el tiempo.

¡El tiempo se retrasó! El movimiento de rotación de la tierra sobre su eje entró en un proceso de desaceleración. El Dios que le dio cuerda a la rotación de la tierra, la restó.

Piense seriamente lo que puede significar –ayudar y beneficiar– la oportunidad de recuperar un tiempo pasado. Un tiempo para reflexionar sobre nuestra vida, un tiempo para volver atrás, un tiempo para completar algo que no hicimos. Pero piense ahora cómo puede administrar bien estos próximos cuarenta minutos de su vida, para que no resienta que su reloj vuelva atrás.

3. La oración de Ezequías

«Escritura de Ezequías rey de Judá, de cuando enfermó y sanó de su enfermedad» (Is. 38:9).

Esta oración o poema, de Ezequías en Isaías 38:10-20, describe con lujo de detalles su estado de ánimo ante su enfermedad y su estado de desánimo durante su esta.

Ezequías sentía que era joven para morir

"Yo dije: «¿En la flor de mi vida tengo que entrar en el lugar de los muertos? ¿Acaso seré privado del resto de mis años?»" (Is. 38:10, NTV).

Ezequías sentía que la muerte lo separaría de los vivos

"Dije: «Nunca más veré al SEÑOR DIOS en la tierra de los vivos. Nunca más veré a mis amigos ni estaré con los que viven en este mundo. Se me voló la vida como la carpa de un pastor en medio de una tormenta. Fue cortada, como cuando el tejedor corta la tela del telar. De repente, mi vida se había acabado»" (Is. 38:11-12, NTV).

Ezequías sentía que tenía encima la muerte

«Esperé con paciencia toda la noche, pero me sentía como si unos leones me estuvieran despedazando. De repente, mi vida se había acabado. En mi delirio, gorjeaba como una golondrina o una grulla, y después gemía como una paloma torcaza. Se me cansaban los ojos de mirar al cielo en busca de ayuda. Estoy en apuros, Señor. ¡Ayúdame!» (Is. 38:13-14, NTV).

Ezequías sintió que esa enfermedad de muerte era para enseñarle humildad

«Pero ¿qué podía decir? Pues él mismo envió esta enfermedad. Ahora caminaré con humildad durante el resto de mis años a causa de esta angustia que he sentido. Señor, tu disciplina es buena, porque lleva a la vida y a la salud. ¡Tú restauras mi salud y me permites vivir! Sí, esta angustia ha sido buena para mí, porque me has rescatado de la muerte y has perdonado todos mis pecados» (Is. 38:15-17, NTV).

Ezequías sintió que los vivos pueden alabar a Dios

«Pues talos muertos no pueden alabarte; no pueden levantar la voz en alabanza. Los que bajan a la tumba ya no pueden esperar en tu fidelidad. Solo los vivos pueden alabarte como yo lo hago hoy. Cada generación le habla de tu fidelidad a la siguiente. Imagínense: el SEÑOR está dispuesto a sanarme. Cantaré sus alabanzas con instrumentos todos los días de mi vida en el templo del SEÑOR» (Is. 38:18-20, NTV).

4. La debilidad de Ezequías

«Mas en lo referente a los mensajeros de los príncipes de Babilonia, que enviaron a él para saber del prodigio que había acontecido en el país, Dios lo dejó, para probarle, para hacer conocer todo lo que estaba en su corazón» (2 Cr. 32:31).

Me llama la atención esa expresión, "... Dios lo dejó, para probarle, para hacer conocer todo lo que estaba en su corazón". Muchas veces el Señor Jesucristo permite que *metamos la pata*, que hagamos lo que queramos, para probar donde está nuestro corazón. Y para dejarnos saber que somos débiles aunque pensemos que somos fuertes.

Primero, la visita: «En aquel tiempo Merodac-baladán hijo de Baladán, rey de Babilonia, envió mensajeros con cartas y presentes a Ezequías, porque había oído que Ezequías había caído enfermo» (2 R. 20:12).

El enemigo se hace amigo de nosotros con el propósito de descubrir todo lo que tenemos. Aquellas *cartas y presentes* de parte del rey de Babilonia eran con el propósito de descubrir que tenía escondido y guardado el rey Ezequías.

Segundo, la revelación: «Y Ezequías los oyó, y les mostró toda la casa de sus tesoros, plata, oro, y especias, y ungüentos preciosos, y la casa de sus armas, y todo lo que había en sus tesoros; ninguna cosa quedó que Ezequías no les mostrase, así en su casa como en todos sus dominios» (2 R. 20:13).

Ante aquellos mensajeros, el rey Ezequías dejó al descubierto todo su corazón, mostrándoles lo que tenía en su palacio y lo que tenía en sus dominios. Nunca se haga vulnerable a nadie, revelándole cosas que son privadas en su vida. Sus problemas personales no ande ventilándolos a los demás. Aprenda a ser reservado. Si necesita sacar algo dentro de usted para afuera, vaya a sus pastores o a personas confidenciales y de sabiduría espiritual que den buenos consejos.

Tenga mucho cuidado con lo que le muestra a otras personas, aunque se vean muy amistosas. No esté sacando los juguetes para impresionar a otros. Esos juguetes un día se los pueden llevar. Mantenga siempre un bajo perfil. Que la gente no sepa mucho de usted, es mejor a que lo sepan todo. No suene las campanas de sus vestiduras, deje que otros las noten y que esperen a que comiencen a sonar.

Isaías el profeta cuestionó a Ezequías y le preguntó que fue lo que le había enseñado a aquellos visitantes; y Ezequías le dejó saber que le mostró todos sus tesoros (2 R. 20:14-15).

«Y él le volvió a decir: ¿Qué vieron en tu casa? Y Ezequías respondió: Vieron todo lo que había en mi casa; nada quedó en mis tesoros que no les mostrase» (2 R. 20:15).

Allí, Isaías le profetizó que, todos esos tesoros, serían tomados por Babilonia, y aun sus hijos serían eunucos en el palacio del rey: «Algunos de tus hijos serán llevados al destierro. Los harán eunucos que servirán en el palacio del rey de Babilonia» (2 R. 20:18, NTV).

Y esos hijos descendientes eunucos, lo serían también durante la época del rey Joacim, un cuarto rey que seguiría a Ezequías. Se incluirían en la historia a príncipes de Judá mencionados en el libro de Daniel. El futuro para la nación de Judá estaba sellado.

«Entre los que fueron llevados al palacio del rey estaban cuatro jóvenes de la tribu de Judá. Se llamaban Daniel, Ananías, Misael y Azarías» (Dan. 1:6, TLA).

Ezequías respondió a Isaías: «Entonces Ezequías dijo a Isaías: La palabra de Jehová que has hablado, es buena. Después dijo: Habrá al menos paz y seguridad en mis días» (2 R. 20:19).

Esa era la única esperanza para Ezequías, la invasión de Babilonia no sería para sus días, sino para el tiempo de sus descendientes. ¡Es triste pensar que hay cosas que no nos alcanzarán como generación, pero si alcanzarán a nuestros hijos y a los hijos de estos! Y eso nos ha sido revelado a nosotros. A menos que esas generaciones se vuelvan a Jesucristo, lo revelado se cumplirá en el tiempo de ellos.

Tercero, el orgullo: «Mas Ezequías no correspondió al bien que le había sido hecho, sino que se enalteció su corazón, y vino la ira contra él, y contra Judá y Jerusalén» (2 Cr. 32:25).

La Traducción en Lenguaje Actual, rinde muy claro este pasaje: «Pero Ezequías fue tan orgulloso que no le dio gracias a Dios por su ayuda. Entonces Dios se enojó tanto que decidió castigar a Ezequías, y también a todos los de Judá y de Jerusalén»

Los seres humanos somos muy cambiantes, exageradamente volubles. Hoy nos comportamos de una manera y mañana de otra. Se dice del rey Ezequías: "... Ezequías no correspondió al bien que le había sido hecho, sino que se enalteció su corazón..." Él se hinchó de orgullo, que no es otra cosa que la de llenarse de uno mismo. El orgullo se llena con su propio aire. Es su propia bomba de oxígeno.

A muchas personas se les corresponde con bien, se les ayuda, se les da la mano, pero luego se llenan de mucho orgullo. Se olvidan de los favores recibidos. Sufren de amnesia de agradecimiento. Ezequías se olvidó del bien que recibió del cielo.

¡Nunca se olvide de los beneficios que Jesucristo le ha dado! Jesucristo le ha obrado muchos milagros: le ha sanado, le ha bendecido, le ha sacado de apuros, le ha dado provisiones, le ha protegido.

«Bendice, alma mía, a Jehová, Y bendiga todo mi ser su santo nombre. Bendice, alma mía, a Jehová, Y no olvides ninguno de sus beneficios. Él es quien perdona todas tus iniquidades, El que sana todas tus dolencias; El que rescata del hoyo tu vida, El que te corona de favores y misericordias; El que sacia de bien tu boca De modo que te rejuvenezcas como el águila.» (Sal. 103:1-5).

Cuarto, la humillación: «Pero Ezequías, después de haberse enaltecido su corazón, se humilló, él y los moradores de Jerusalén; y no vino sobre ellos la ira de Jehová en los días de Ezequías» (2 Cr. 32:26).

Algo que Ezequías sabía hacer muy bien era humillarse. ¡Es bajarnos del caballo de nuestro orgullo! Y ese espíritu de humildad, que es contagioso, lo transmitió a su pueblo. Ellos eran un reflejo de él. Los hijos deben ser reflejos de los padres. Las ovejas deben ser reflejos de sus pastores. Los subalternos deben ser reflejos de los líderes. Reflejen las cosas buenas de sus autoridades y no las malas.

5. La muerte de Ezequías

«Y durmió Ezequías con sus padres, y reinó en su lugar Manasés su hijo» (2 R. 20:21).

Aunque el rey Ezequías no murió de aquella enfermedad que fue sanado, le tocó morir. La muerte nos llegará de una manera o de otra; a no ser que nos vayamos en el rapto o traslado de la Iglesia. ¡Tú te vas a morir y yo también me voy a morir! ¡Nos vamos a morir!

Primero, el gran logro: «Los demás hechos de Ezequías, y todo su poderío, y cómo hizo el estanque y el conducto, y metió las aguas en la ciudad, ¿no está escrito en el libro de las crónicas de los reyes de Judá?» (2 R. 20:20).

«Este Ezequías cubrió los manantiales de Gihón la de arriba, y condujo el agua hacia el occidente de la ciudad de David. Y fue prosperado Ezequías en todo lo que hizo» (2 Cr. 32:30).

Hasta el presente día, en Ofel –donde se encuentran las ruinas de la ciudad de David excavadas al sur de la Antigua Jerusalén– bajando por una de las calles en la aldea, uno puede entrar en el Túnel de Ezequías o Túnel de Siloé – cavado por los ingenieros de Ezequías– y caminar 533 metros por el agua.

Al final de la excavación, los obreros que iban por extremos opuestos, se dejaron guiar por el ruido de los picos. Una inscripción, descubierta en el año 1880, corrobora este testimonio. El túnel llevaba agua desde el manantial de

Gihón (hoy día totalmente cubierto) hasta el estanque de Siloé. Este es un testimonio al ingenio de este gran rey llamado Ezequías.

He conducido muchas veces a grupos a Ofel o Ciudad Baja de David, atravesando este túnel por el agua. ¡Una experiencia inolvidable de un recorrido de 45 minutos!

Pero aún más interesante, es que en el estanque de Siloé –que significa «enviado»– Jesucristo untó lodo en los ojos a un ciego de nacimiento, y lo envió a lavarse en el estanque donde recibió la vista.

«Dicho esto, escupió en tierra, e hizo lodo con la saliva, y untó con el lodo los ojos del ciego, y le dijo: Ve a lavarte en el estanque de Siloé (que traducido es, Enviado). Fue entonces, y se lavó, y regresó viendo» (Jn. 9:6, 7).

Lo que hizo Ezequías, un día fue utilizado por el Señor Jesucristo. Cosas que usted hace en el presente, le servirán al Señor en el futuro para bendecir a alguna persona. Muchos milagros de Dios necesitan algo y necesitan de alguien. ¿Eres ese alguien? ¿Tienes ese algo? ¿Puedes ayudar a realizar algún milagro?

Segundo, el gran honor: «Y durmió Ezequías con sus padres, y lo sepultaron en el lugar más prominente de los sepulcros de los hijos de David, honrándole en su muerte todo Judá y toda Jerusalén; y reinó en su lugar Manasés su hijo» (2 Cr. 32:33).

La Nueva Versión Internacional rinde: «Ezequías murió y fue sepultado con sus antepasados en la parte superior del panteón de los descendientes de David. Todos los habitantes de Judá y de Jerusalén le rindieron honores. Y su hijo Manasés lo sucedió en el trono»

Ezequías fue honrado en la parte superior del panteón patriarcal, que sobresalió sobre los otros sepulcros de los reyes de Judá. Se nos dice que este rey recibió honores nacionales de toda la ciudad de Jerusalén y de todo el reino de Judá. Después de él, solo otro rey alcanzaría esa estatura real y ese rey sería Josías.

Conclusión

A pesar de que Ezequías al final de sus días se puso un poco orgulloso, falló al mostrar a la visita de Babilonia todos sus tesoros y de esa manera alimentó la ambición codiciosa del rey de Babilonia; fue un rey de buen corazón y de mucha fe en Dios. Supo aceptar sus faltas y modificar su conducta. El cambio en todo ser humano comienza cuando se puede decir: ¡Acepto y modifico!

28
La muerte se transforma en vida

Salmo 116:15, NVI

«Mucho valor tiene a los ojos del Señor la muerte de sus fieles»

Introducción

En la *Funeraria y Cementerio La Santa Cruz de Arecibo*, Puerto Rico, donde velamos y está sepultada mi suegra la Rvda. Juanita Rodríguez Santiago, hay una placa en bronce que lee:

Parientes, amigos y vecinos se reúnen para conmemorar la vida y la muerte de un ser querido. Muchos vuelven a encontrarse de nuevo. Se comparten los recuerdos.... unos tristes, otros alegres. Pero más que nada, prevalece el amor.

Sus ofrendas conmemorativas adoptan un sinnúmero de formas. Sus pensamientos fervorosos y su presencia brindan amor, apoyo, amparo y esperanza a la familia desconsolada.

Nuestra funeraria y su atento personal están aquí para servirle durante este periodo en el cual Dios ha llamado a un ser querido para el descanso eterno. (Funeraria González).

1. Lo que hace Dios cuando mueren sus santos

«Porque este Dios es Dios nuestro eternamente y para siempre; Él nos guiará aun más allá de la muerte» (Sal. 48:14).

Esa es la gran seguridad que tenemos como creyentes, que aquí en la tierra nos guía nuestro Señor Jesucristo. Pero allá, más allá de la muerte, también, nos seguirá guiando. No estaremos solos. No hay porque temer.

«Aun cuando atraviese el negro valle de la muerte, no tendré miedo, pues tú irás siempre muy junto a mí. Tu vara de pastor y tu cayado me protegen y me dan seguridad» (Sal. 23:4, NBV).

Este pasaje bíblico del Salmo 48:14 citado en otras versiones bíblicas presenta este sentido textual:

Nueva Biblia Vida: «Este Dios es nuestro Dios por los siglos de los siglos. Él será, nuestro guía hasta que muramos»

Nueva Traducción Viviente: «Pues así es Dios. Él es nuestro Dios por siempre y para siempre, y nos guiará hasta el día de nuestra muerte»

En este mundo, el creyente disfruta de la guía del Espíritu Santo. Pero también, más allá de la muerte tenemos esa esperanza y esa seguridad de que no nos dejará Dios. ¡La muerte se transformará en vida!

2. Lo que ha preparado Dios para sus santos que mueren

«Antes bien, como está escrito: Cosas que ojo no vio, ni oído oyó, Ni han subido en corazón de hombre, Son las que Dios ha preparado para los que le aman» (1 Cor. 2:9).

Cosas que ojo no ha visto ni oído ha escuchado ni la mente ha imaginado, jamás podrán —aquí en la tierra y en esta vida— ni el arte ni la poesía ni la prosa ni el más selecto lenguaje de la oratoria, describir todo aquello que Jesucristo ha preparado para aquellos creyentes que le han profesado su amor.

«Conozco a un hombre que cree en Cristo, y que hace catorce años fue llevado a lo más alto del cielo. No sé si fue llevado vivo, o si se trató de una visión espiritual. Solo Dios lo sabe.

Lo que sé es que ese hombre fue llevado al paraíso, y que allí escuchó cosas tan secretas que a ninguna persona le está permitido decirlas» (2 Cor. 12:2-4, TLA).

El cielo, como lugar y estado en la eternidad, no es posible comprenderlo con nuestra mente finita. Su descripción va más allá de lo inimaginable.

Jesús de Nazaret describió el cielo como un lugar de moradas, donde Él fue a preparar el lugar a los creyentes

«No se turbe vuestro corazón; creéis en Dios, creed también en mí. En la casa de mi Padre muchas moradas hay; si así no fuera, yo os lo hubiera dicho; voy, pues, a preparar lugar para vosotros. Y si me fuere y os preparare lugar, vendré otra vez, y os tomaré a mí mismo, para que donde yo estoy, vosotros también estéis» (Jn. 14:1-3).

Juan el amado describió parte del cielo como una megápolis de oro, con fundamentos de mega piedras preciosas y con puertas como mega perlas

«Y me llevó en el Espíritu a un monte grande y alto, **y me mostró la gran ciudad santa de Jerusalén, que descendía del cielo, de Dios, teniendo la gloria de Dios**. Y su fulgor era semejante al de una piedra preciosísima, como piedra de jaspe, diáfana como el cristal. Tenía un muro grande y alto con doce puertas; y en las puertas, doce ángeles, y nombres inscritos, que son los de las doce tribus de los hijos de Israel; al oriente tres puertas; al norte tres puertas; al sur tres puertas; al occidente tres puertas. Y el muro de la ciudad tenía doce cimientos, y sobre ellos los doce nombres de los doce apóstoles del Cordero» (Apoc. 21:10-14).

«La ciudad se halla establecida en cuadro, y su longitud es igual a su anchura; y él midió la ciudad con la caña, doce mil estadios; la longitud, la altura y la anchura de ella son iguales. Y midió su muro, ciento cuarenta y cuatro codos, de medida de hombre, la cual es de ángel. El material de su muro era de jaspe; pero la ciudad era de oro puro, semejante al vidrio limpio; y los cimientos del muro de la ciudad estaban adornados con toda piedra preciosa. El primer cimiento era jaspe; el segundo, zafiro; el tercero, ágata; el cuarto, esmeralda; el quinto, ónice; el sexto, cornalina; el séptimo, crisólito; el octavo, berilo; el noveno, topacio; el décimo, crisopraso; el undécimo, jacinto; el duodécimo, amatista. Las doce puertas eran doce perlas; cada una de las puertas era una perla. **Y la calle de la ciudad era de oro puro, transparente como vidrio**» (Apoc. 21:16-21).

La Nueva Jerusalén literalmente es una ciudad tetragonal y espiritualmente es la Iglesia

«Vi un cielo nuevo y una tierra nueva; porque el primer cielo y la primera tierra pasaron, y el mar ya no existía más. Y yo Juan vi la santa ciudad, la nueva

Jerusalén, descender del cielo, de Dios, **dispuesta como una esposa ataviada para su marido**» (Apoc. 21:1-2).

Pablo de Tarso habló de la Iglesia como una virgen pura: «Porque os celo con celo de Dios; pues os he desposado con un solo esposo, para presentaros como una virgen pura a Cristo» (2 Cor. 11:2).

Pablo de Tarso comparó la relación marido y esposa con Cristo y la Iglesia: «Maridos, amad a vuestras mujeres, así como Cristo amó a la iglesia, y se entregó a sí mismo por ella, para santificarla, habiéndola purificado en el lavamiento del agua por la palabra, a fin de presentársela a sí mismo, una iglesia gloriosa, que no tuviese mancha ni arruga ni cosa semejante, sino que fuese santa y sin mancha» (Ef. 5:25-27).

Viajemos en el tren de la imaginación para contemplar a esa ciudad de 1 500 millas de ancho, de largo y de alto. Un tamaño mayor que Francia, Alemania y comparado a dos terceras partes del territorio de los Estados Unidos de América. A esa longitud de la Nueva Jerusalén debe sumársele su altitud.

Sus materiales son fuera de serie, como el oro de la ciudad, las puertas de perlas, los cimientos de piedras preciosas y su brillo como de piedra preciosísima. Eso nos hace pensar en esa peregrinación al cielo por los santos que han partido y los santos que llegaremos.

3. Lo que hará Dios por sus santos que mueren

«Enjugará Dios toda lágrima de los ojos de ellos; y ya no habrá muerte, ni habrá más llanto, ni clamor, ni dolor; porque las primeras cosas pasaron» (Apoc. 21:4).

«Él secará sus lágrimas, y no morirán jamás. Tampoco volverán a llorar, ni a lamentarse, ni sentirán ningún dolor, porque lo que antes existía ha dejado de existir» (TLA).

En el cielo los males que agobian esta vida presente, enfermedad, tristeza, dolor, sufrimiento, soledad, tratamientos, medicamentos, terapias clínicas, hospitales, dietas restringidas, depresión, angustia, miedo, tribulación, lágrimas, lamentos o culpas, ya no estarán presentes.

Dios muchas veces utiliza el proceso de la muerte para librarnos del dolor y del sufrimiento. El mismo nos acerca a Dios en fe y esperanza. Tanto el moribundo como el acompañante experimentan el amor y la compasión que surge entre ellos como resultado de lo sucedido. Los sanos se acercan más al moribundo y el moribundo los necesita más.

4. Lo que valoriza Dios de la muerte de sus santos

«Estimada es a los ojos de Jehová La muerte de sus santos» (Sal. 116:15).

Otras versiones de la Biblia arrojan luz sobre este Salmo 116, y nos ayudan a reflexionar:

Nueva Traducción Viviente: «Al SEÑOR le conmueve profundamente la muerte de sus amados»

Nueva Biblia Vida: «Sus amados son muy preciosos para él; le causa tristeza cuando ellos mueren»

Traducción en Lenguaje Actual: «Dios nuestro, a ti te duele ver morir a la gente que te ama»

Cuando fallece un creyente, muchos lo llorarán, muchos lo echarán de menos; su ausencia se sentirá por mucho tiempo, un asiento quedará vacío en muchos lugares, una voz se apagará en muchos oídos, una mirada ya no se verá, una sonrisa no se recibirá.

Dios también se conmueve profundamente, se entristece, le duele en su naturaleza divina, cuando un creyente que lo ama, que le ha servido, que lo ha obedecido, tiene que morir. Ese creyente no predicará más para Dios. Ya no hará más oraciones a Dios. Ya no será más su testigo aquí en la tierra.

Desde el cielo hay una «grande nube de testigos» (Heb. 12:1, RV1960) para la Iglesia. El autor a los Hebreos 11:4-40, los describe como hombres y mujeres de fe que habían vivido

«Por tanto, también nosotros, que estamos rodeados de una multitud tan grande de testigos, despojémonos del lastre que nos estorba, en especial del pecado que nos asedia, y corramos con perseverancia la carrera que tenemos por delante» (Heb. 12:1, NVI).

Cuando falleció Moisés, Dios sintió su muerte. Por cuarenta años, Dios y Moisés fueron socios en la misma empresa espiritual. La muerte de Moisés sobrecogió a Dios.

«Aconteció después de la muerte de Moisés siervo de Jehová, que Jehová habló a Josué hijo de Nun, servidor de Moisés, diciendo: Mi siervo Moisés ha muerto; ahora, pues, levántate y pasa este Jordán, tú y todo este pueblo, a la tierra que yo les doy a los hijos de Israel.» (Jos. 1:1-2).

Dios tuvo varios líderes identificados y cercanos a su corazón; y sus muertes, Él, las tuvo que sentir

Enoc anduvo con Dios: «Caminó, pues, Enoc con Dios, y desapareció, porque le llevó Dios» (Gn. 5:24).

Abraham fue llamado amigo de Dios: «Pero tú, Israel, siervo mío eres; tú, Jacob, a quien yo escogí, descendencia de Abraham mi amigo» (Is. 41:8).
«Y se cumplió la Escritura que dice: Abraham creyó a Dios, y le fue contado por justicia, y fue llamado amigo de Dios» (Stg. 2:23).

David agradó al corazón de Dios: «Quitado éste, les levantó por rey a David, de quien dio también testimonio diciendo: He hallado a David hijo de Isaí, varón conforme a mi corazón, quien hará todo lo que yo quiero» (Hch. 13:22).

Pero nuestra vida está condicionada a la voluntad soberana de Dios. Viviremos hasta que Jesucristo lo decida
«Del Señor vienen la muerte y la vida; él nos hace bajar al sepulcro, pero también nos levanta» (1 Sam. 2:6, NVI).
«También investigué minuciosamente esto: que **los justos y los sabios dependen de la voluntad de Dios; nadie sabe si Dios los favorecerá o no**. Es cosa de azar. Buenos y malos, religiosos y descreídos, blasfemos y justos, tienen el mismo final. Parece muy injusto que sea igual el destino de todos. Por eso es que los humanos no se preocupan más del bien, sino que eligen su camino de locura, pues no tienen esperanza; **al fin y al cabo lo único que les espera es la muerte**» (Ecl. 9:1-3, NBV).
«Cuando estos dos profetas hayan terminado de anunciar mi verdadero mensaje, el monstruo que sube desde el Abismo profundo peleará contra ellos, y los vencerá y los matará» (Apoc. 11:7, TLA).

Jesús de Nazaret reaccionó como humano y amigo al ver a María llorando por la muerte de su hermano Lázaro
«Jesús entonces, al verla llorando, y a los judíos que la acompañaban, también llorando, **se estremeció en espíritu y se conmovió**, y dijo: ¿Dónde le pusisteis? Le dijeron: Señor, ven y ve. **Jesús lloró**» (Jn. 11:33-35).

Traducción en Lenguaje Actual rinde: «Cuando Jesús vio que María y los judíos que habían ido con ella lloraban mucho, **se sintió muy triste y les tuvo compasión.** Les preguntó: —¿Dónde sepultaron a Lázaro? Ellos le dijeron: — Ven Señor; aquí está. **Jesús se puso a llorar,** y los judíos que estaban allí dijeron: "Se ve que Jesús amaba mucho a su amigo Lázaro"»

La muerte de Lázaro estremeció, conmovió, entristeció y llenó de compasión al Maestro de la Galilea. Jesús nunca antes lloró por la muerte de otra persona. Es más, le pidió a las mujeres de Jerusalén que no lloraran por Él.

«Pero Jesús, vuelto hacia ellas, les dijo: Hijas de Jerusalén, **no lloréis por mí,** sino llorad por vosotras mismas y por vuestros hijos» (Lc. 23:28).

Las palabras del profeta Jeremías ante la muerte del rey Josías, la invasión de Jerusalén y el cautiverio de Joacaz, rey de Judá

«No lloren ni se pongan tristes por la muerte del rey Josías. Lloren más bien por su hijo Salum que será llevado a otro país. Allí lo tratarán como esclavo, y nunca más volverá a ver la tierra donde nació». «Y yo declaro que Salum nunca más volverá a ver este país, pues morirá en el lugar al que será llevado». «Y así sucedió. Tiempo después, tras la muerte de su padre Josías, Salum llegó a ser rey de Judá, pero se lo llevaron a Babilonia» (Jer. 22:10-12, TLA).

El profeta Jeremías aconsejó al pueblo a no seguir llorando por el buen rey Josías que ya había fallecido. No podemos llorar para siempre a alguien que murió. El tren de la vida debe continuar su recorrido por la tierra de los vivientes.

El profeta Jeremías les deja saber que si tienen que llorar lo hagan por el rey Salum conocido también como Joacaz, quien fue llevado al exilio de Babilonia como esclavo, de donde no regresaría y moriría.

«Y sus siervos lo pusieron en un carro, y lo trajeron muerto de Meguido a Jerusalén, y lo sepultaron en su sepulcro. Entonces el pueblo de la tierra tomó a Joacaz hijo de Josías, y lo ungieron y lo pusieron por rey en lugar de su padre» (2 R. 23:30).

Según Eclesiastés 3:2-8, en la Traducción en Lenguaje Actual, hay tiempo para todo lo que se quiere debajo del sol

«**Hoy nacemos, mañana morimos**; hoy plantamos, mañana cosechamos; hoy herimos, mañana curamos; hoy destruimos, mañana edificamos; **hoy lloramos, mañana reímos**; hoy guardamos luto, mañana bailamos de gusto; hoy esparcimos piedras, mañana las recogemos; **hoy nos abrazamos, mañana nos despedimos**; hoy todo lo ganamos, mañana todo lo perdemos; hoy todo lo guardamos, mañana todo lo tiramos; hoy rompemos, mañana cosemos; hoy callamos, mañana hablamos; hoy amamos, mañana odiamos; hoy tenemos guerra, mañana tenemos paz»

Conclusión

El fallecimiento de un ser querido, de un amigo, de un vecino causa consternación y tristeza, pero tenemos la fe y esperanza que ahora él o ella descansa en los brazos del Gran Salvador.

No pueden estar más con nosotros, no hablaremos más con ellos, no los abrazaremos más, pero un día estaremos nuevamente reunidos con ellos. No les decimos: ¡Hasta nunca! Les decimos: ¡Hasta luego! Esa es nuestra gran esperanza. La muerte se transforma en vida.

Es Obispo General del **International Council of Pentecostal Churches of Jesus Christ (CINIPEJE)**. Miembro Fundador de **Radio Visión Cristiana (RVC)**. Fundador de la **Christian University of Human Development (CUOHDE)** y del **Christian Institute of Human Development (CIO-HDE)**. Fundador de un programa social de rehabilitación para adictos y alcohólicos bajo el nombre **Door To Life Ministries (DTL)**. Fundador de la **Confraternidad de Líderes Conciliares de Nueva York (CONLICO)**. Ha predicado el evangelio en cinco continentes y en cuarenta naciones del mundo. Ha visitado Israel alrededor de 32 veces. ¡Este es su legado a esta generación y a la próxima generación!

Este libro, *Sermones actuales sobre la muerte, el luto y la esperanza de personajes bíblicos*, es un seminario sobre la vida y la muerte, la gran paradoja de la existencia humana. No debemos pensar enfermizamente en la muerte, pero tampoco debemos dejar de pensar seriamente sobre la misma. Mi padre decía: «Que se murió no es noticia, pero cuándo se murió sí es noticia». Y eso es muy cierto. La estadística más segura y completa es que **100 de cada 100 experimentarán la muerte**. Si Jesucristo no retorna para levantar a la Iglesia, todos tendremos que morir y eso lo incluye a usted como lector, y a mí como autor de este libro.

Dr. Kittim Silva Bermúdez. Durante más de tres décadas, sus libros, sobre unos sesenta publicados (y muchos sin publicación) han estado bendiciendo a lectores latinoamericanos. Desde su base ministerial en la **Iglesia Pentecostal de Jesucristo de Queens (IPJQ)** en New York; y a través de **Radio-Retorno** y **TV-Retorno** con programas de radio, televisión y **Libros-Retorno**, el Dr. Silva ha estado llegando a miles de personas.

Printed in the USA
CPSIA information can be obtained
at www.ICGtesting.com
LVHW020708050824
787165LV00009B/55